Arranjo

MÉTODO PRÁTICO
incluindo técnicas
especiais de sonoridade orquestral

IAN GUEST
3

Nº Cat.: AMPI3

Irmãos Vitale Editores Ltda.
vitale.com.br
Rua Raposo Tavares, 85 São Paulo SP
CEP: 04704-110   editora@vitale.com.br   Tel.: 11 5081-9499

© Copyright 2009 by Irmãos Vitale Editores Ltda. - São Paulo - Rio de Janeiro - Brasil.
Todos os direitos autorais reservados para todos os países. *All rights reserved.*

CIP-BRASIL. CATALOGAÇÃO-NA-FONTE
SINDICATO NACIONAL DOS EDITORES DE LIVROS, RJ

G968a
v.3

Guest, Ian, 1940-
    Arranjo : método prático, volume 3 / Ian Guest. - São Paulo : Irmãos Vitale, 2012.
    152 p.

    ISBN 978-85-7407-368-2

    1. Arranjo (Música).
            I. Chediak, Almir, 1950-2003.
            II. Título.

12-8542.   CDD: 781.37
                                                                      CDU: 78.083.82

22.11.12   27.11.12   040943

Capa:
Bruno Liberati

Foto:
César Duarte

Projeto gráfico:
Felipe Taborda

Composição e diagramação:
Júlio César P. de Oliveira

Revisão geral:
Ricardo Gilly

Revisão de texto:
Nerval M. Gonçalves

Revisão musical:
Flávio Paiva

Coordenação de produção:
Mônica Savini

Editado por:
Almir Chediak

Faixas 1 a 6 e 22 (estúdio Dubas)
    sintetizador: Ian Guest

    Técnico de gravação e mixagem:
    Chico Neves

Faixas 7 a 21 e 23 a 77 (estúdio Fibra)
    piano: Cristóvão Bastos
    violão e guitarra: Ricardo Silveira
    baixo: Adriano Giffoni
    bateria: Pascoal Meirelles
    flautas e saxofones: Carlos Malta
    trombone: Vittor Santos
    trompete e flugelhorn: Bidinho
    clarinete e clarone: Paulo Sérgio Santos
    oboé e corne-inglês: Luiz Carlos Justi
    fagote: Juliano Barbosa

    Técnicos de gravação:
    Armando Telles e Ricardo Leão

    Técnico de mixagem:
    Ricardo Leão

Arranjo
MÉTODO PRÁTICO

incluindo técnicas
especiais de sonoridade orquestral

IAN GUEST
3

Editado por Almir Chediak

O educador artístico omisso só planta técnica e conhecimento, deixando o cultivo da personalidade e da liberdade criativa por conta da escola da vida. Não se ensina a arte e, sim, a ser artista.

Professor formar músico é paradoxo. Ensinar de verdade é pôr o instrumento na mão e a canção na boca de todos, e a música a todos pertencerá. Daí nasce o músico.

ROTEIRO

PREFÁCIO / DORI CAYMMI *11*

INTRODUÇÃO *12*

5ª PARTE - TÉCNICAS NÃO-MECÂNICAS EM BLOCO

A ESTRUTURA EM QUARTAS

1 Técnicas para 3 a 6 vozes

- Quartas a 5 vozes *17*
- Quartas a 4 vozes *19*
- Quartas a 3 vozes *20*
- Quartas a 6 vozes *21*

2 Efeito e emprego

- Propriedades acústicas *22*
- Emprego de estrutura em quartas *22*
- Alguns cuidados *23*

B ESTRUTURA SUPERCERRADA (CLUSTER)

1 Técnicas para 3 a 6 vozes

- Supercerrada a 5 vozes *25*
- Supercerrada a 4 vozes *27*
- Supercerrada a 3 vozes *28*
- Supercerrada a 6 vozes *28*

2 Efeito e emprego *29*

C TRÍADES DE ESTRUTURA SUPERIOR (TES)

1 Técnicas para 3 a 6 vozes

- Tríade de estrutura superior a 5 vozes *31*
- Tríade de estrutura superior a 6 vozes *34*
- Tríade de estrutura superior a 4 vozes *34*
- Tríade de estrutura superior a 3 vozes *36*

2 Efeito e emprego

- TES em seqüência, durante um trecho *37*
- TES em pontos ou fragmentos isolados *37*

6ª PARTE - TÉCNICA LINEAR EM BLOCO

A APRESENTAÇÃO *45*

B PONTOS HARMÔNICOS

1 Preliminares *46*

- Localização dos pontos harmônicos *46*
- Riqueza X brandura *47*
- Classificação dos intervalos pela dissonância *47*

2 Estrutura "som de escala" com riqueza intervalar (RI) e tamanho planejados

- Escalas de acorde mais usadas *48*
- Dissonâncias primárias (DPs) em escalas de acorde *52*
- Estrutura e montagem do acorde com riqueza intervalar (RI) *53*
- Treino técnico *58*

3 Estrutura "tríade estranha" (△E) à escala de acorde, com baixo da escala

- Emprego *61*
- Estrutura e montagem do acorde △E *61*
- Treino técnico *63*

4 Trecho realizado exclusivamente com PHs *65*

C LINHAS

1 Características

- Falando em linha *68*
- Alguns cuidados prévios com PHs *68*
- Linearidade *69*
- Verticalidade *70*
- Outros cuidados *71*

2 Escalas inventadas *75*

D UTILIZAÇÃO DA TÉCNICA LINEAR *77*

7ª PARTE - REARMONIZAÇÃO PARA ARRANJO

A APRESENTAÇÃO *85*

B REARMONIZAÇÃO FUNCIONAL

1 Conceito *85*

2 Quadro funcional *85*

3 Elaboração

- Rearmonização funcional sem mudança de tônica *88*
- Rearmonização funcional completa *90*
- Tom menor: uso do quadro funcional no tom relativo e anti-relativo *94*

C REARMONIZAÇÃO POR DOMINANTES ESTENDIDOS

1 Conceito *96*

2 Elaboração *96*

D REARMONIZAÇÃO MODAL

1 A música modal *101*

2 Modalismo natural *102*

3 Rearmonização em modo natural

- Rearmonização no modo que conserva a tônica e a armadura do tom original *104*
- Rearmonização no modo de tônica diferente e armadura igual à do tom original *105*
- Rearmonização no modo que conserva a tônica e muda a armadura do tom original *105*
- Rearmonização no modo de tônica e armadura diferentes do tom original *107*

4 Rearmonização em modo sintético *107*

5 Bimodalismo *108*

6 Rearmonização modal em blues *115*

E REARMONIZAÇÃO POR PRIORIDADE DE LINHAS E DE INTERVALOS

1 Conceito *117*

2 Intervalo constante

- Linha em intervalo constante com a melodia *117*
- Acordes em estrutura constante *119*

3 Intervalos variados

- Linha em intervalos seqüenciais com a melodia *119*
- Acordes em estruturas seqüenciais *121*

4 Linha prioritária do baixo *122*

5 Tensão melódica prioritária em dom7 *123*

APÊNDICE

- Resolução dos exercícios *127*
- Bibliografia *144*
- Agradecimentos *144*

PREFÁCIO

Los Angeles, 1992.

Caro Ian:

Poucas vezes tivemos ocasião de trocar idéias musicais. A vida nos levou para caminhos diferentes. Precisamos *concertar* isso um dia.

Seu trabalho é uma beleza. Incentiva demais o jovem músico, especialmente por abordar a música popular. Me faz pensar em como teria sido mais fácil minha iniciação se eu tivesse seu livro.

Quem quer ser arranjador? Os sonhadores. E foi o mais lindo dos sonhadores, Luizinho Eça, quem me deu o primeiro empurrão. Chegou até a me empregar como copista. Foi ele quem uniu a música popular às orquestras sinfônicas, melhorando o padrão das gravações. Deodato foi outro professor maravilhoso. Meu mestre nas horas vagas. Dicas maravilhosas. Radamés, Gaya, Carlos Monteiro de Souza, Arruda Paes, Leo Peracchi, homens brilhantes na sua desconhecida arte, foram de ajuda inestimável. Com essa ajuda e a confiança em mim depositada por Edu Lobo, Nara Leão, Marcos Valle, Caetano, Gal e Gilberto Gil entrei no estúdio. Dois canais, orquestra ao vivo, Célio Martins (velho amigo e grande técnico) e um medo louco. Os mais velhos, Carlinhos Monteiro e Gaya, sempre por perto para tirar as dúvidas. Que loucura. Assim eu aprendi o nosso ofício, o mais lindo dos ofícios.

Agora você torna muito mais viável o aprendizado dessa arte com seu "método". Os nossos velhos amigos arranjadores e os deuses estão sorrindo.

Um abraço

Dori Caymmi

INTRODUÇÃO

Em um arranjo, ação conjunta de melodia-harmonia-ritmo, as tarefas variadas são distribuídas entre os timbres produzidos por instrumentos de todo tipo de emissão; daí resultam novas e compostas sonoridades. Com o apoio das técnicas, as idéias harmônicas são refletidas nos contracantos e blocos melódicos, as idéias rítmicas realçadas pelas convenções e ataques conjuntos ou alternados dos naipes. É gratificante notar que as combinações melódicas, conduzidas no leito rítmico-harmônico, irão culminar, afinal, no arranjo como um todo, profusão de texturas, efeitos e acabamentos, a partir do embrião da composição.

O desafio central deste livro é explorar, dentro do simples e viável, a combinação melodia-harmonia-ritmo, aplicada às músicas de diferentes linguagens.

Se além das técnicas de naipe fôssemos abordar os recursos e sonoridades de cada instrumento em uso, indicando ainda várias formações instrumentais para cada técnica, o livro não só duplicaria seu tamanho como também limitaria, injustamente, as instrumentações disponíveis em determinadas situações. Em princípio não há técnica que um grupo de instrumentos não possa executar, desde que sejam de sonoridade equilibrada por serem da mesma família ou de algum parentesco (veja "quadro de classificação pela emissão" no Volume I). O essencial é ter o cuidado de empregar instrumentos *de ataque* em frases ritmadas e instrumentos *de sustentação* em passagens lineares.

Quando o arranjador realiza o naipe, escolhe os instrumentos convenientes para a técnica proposta, visando a região e colorido desejados. Pode também optar pela técnica em função de um determinado grupo instrumental. Em nenhum caso ele está escrevendo uma linha para flauta, outra para oboé e uma terceira para clarinete, e sim elaborando uma *técnica*, com um grupo de instrumentos na cabeça.

Neste trabalho, os naipes vão de dois a seis instrumentos melódicos, número suficiente de vozes combinadas. (Combinando naipes, pode ser alcançado maior número de linhas melódicas simultâneas.)

Procurei limitar os assuntos do livro para o que mais interessa ao arranjador em termos práticos. Por esta razão, alguns tópicos não foram aqui incluídos, como o uso simultâneo de mais de seis linhas melódicas em bloco (por ser hoje de pouca utilização); texturas polirrítmicas dentro de um naipe (por serem de difícil abordagem técnica); a voz humana como instrumento melódico (por ser tratada como outros instrumentos, notadamente em técnicas mais lineares); bandas e orquestras de formação grande (por não se destinar o presente trabalho, pelas suas dimensões moderadas, a técnicas de combinar técnicas).

À margem da questão instrumental, quero comentar o quanto aprendi com o episódio da produção do CD que acompanha esta edição. Com o plano já feito quanto à participação instrumental em cada exemplo, parti para gravá-los via sintetizador, apoiado por ótimo equipamento de estúdio e ampla variedade de sons sampleados para o efeito de instrumentos acústicos, desejável para ilustrar um livro sobre conjuntos e orquestras. Com longa experiência em estúdios de gravação mas pouco atualizado em tecnologia, tive a surpresa capital da minha vida ao notar que os recursos disponíveis não criavam o desejado ambiente acústico, apesar de todo brilho, precisão e maleabilidade. Em tempo, regravei tudo "ao vivo" com músicos que respiram e falham. Fiquei encantado e arrepiado. Aprendi o óbvio: o sintetizador se destina a ampliar os horizontes da música, dando-lhe novas dimensões. Em contrapartida, utilizá-lo para reproduzir som acústico é como usar fotografias em substituição de paisagens.

A proposta da simplicidade e limitação de tópicos deste livro não se deve somente à economia de espaço mas pretende, principalmente, servir de estímulo aos estudos, para todos que tiveram a formação musical espontânea e à mercê do acaso e necessidade, um dos trajetos mais percorridos ainda hoje para a formação profissional.

IAN GUEST

    Húngaro radicado no Brasil desde 1957

    Bacharel em Composição pela UFRJ e Berklee College of Music, Boston

Área de produção:

    Compositor - diretor - arranjador em discos, teatro, cinema e publicidade

Área de educação:

    Diretor-fundador do CIGAM (Centro Ian Guest de Aperfeiçoamento Musical) no Rio de Janeiro

    Precursor da didática aplicada à música popular e introdutor do Método Kodály de musicalização no Brasil

    Professor convidado em cursos intensivos e festivais

    Revisor de edições musicais

5ª PARTE
TÉCNICAS NÃO-MECÂNICAS EM BLOCO

A ◆ ESTRUTURA EM QUARTAS

1 Técnicas para 3 a 6 vozes

A harmonia convencional constrói seus acordes com superposição de terças.
As *técnicas mecânicas*, em posição cerrada ou aberta, também organizam a montagem dos acordes por terças superpostas:

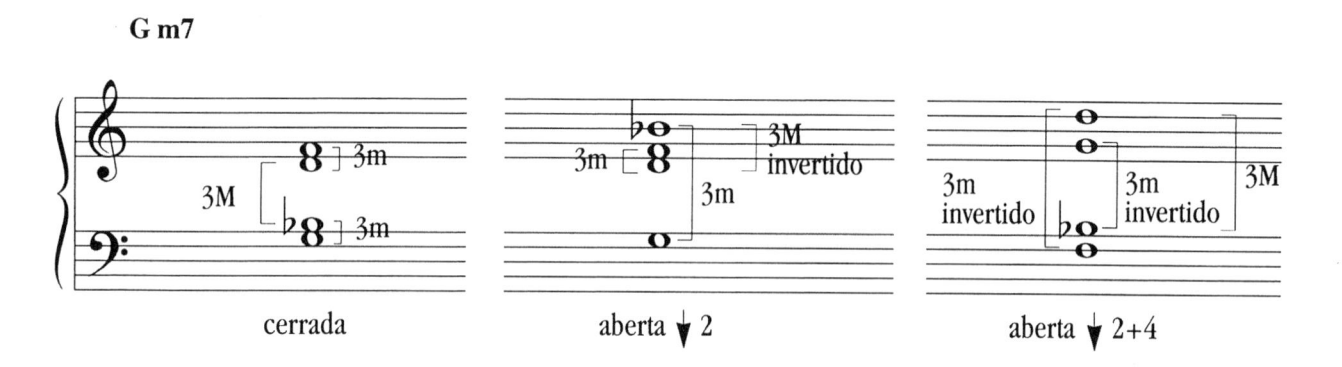

G m7

cerrada   aberta ↓ 2   aberta ↓ 2+4

As *técnicas não-mecânicas*, também chamadas estruturas extraídas de escalas de acorde, usam outros critérios. A "estrutura em quartas" trabalha com quartas superpostas, a "supercerrada", com segundas superpostas e a "tríade de estrutura superior", com tríade em posição cerrada, feita de notas de tensão, sobre som básico do acorde em estrutura livre.

A *estrutura em quartas* organiza as notas disponíveis pela escala do acorde em quartas superpostas. A relação intervalar predominante entre vozes adjacentes é 4J ou trítono. As vozes devem representar o som básico do acorde, além de outras notas disponíveis. O som rico, quase exótico, é resultado da superposição de quartas. O intervalo de 4J é dissonante: na série harmônica (veja pág. 100 Volume I) somente a 21ª nota forma 4J com o som gerador.

■ Quartas a 5 vozes

Modo de construir: **1** determinar a escala **2** montar de cima (nota melódica) para baixo **3** usando exclusivamente notas de acorde (as notas características não devem faltar), tensões ou outras notas disponíveis pela escala, procurar criar intervalos de 4J ou eventualmente trítono **4** intervalo de 3ª é permitido onde 4ª não é disponível, mas nunca duas 3ᵃˢ adjacentes **5** o intervalo de 3ª em cima fica ideal **6** onde nem a 4ª nem a 3ª são possíveis, usa-se a 5ª uma única vez **7** não dobrar nenhuma voz **8** evitar ♭9 vertical exceto ♭9/1 em dom7 **9** em dom7 não deve faltar o trítono característico **10** em m7 pode faltar ♭3 se houver T11 **11** o "som básico" pode eventualmente ser incompleto em função de uma sonoridade quartal, principalmente fora dos pontos mais acentuados na melodia **12** extensão ideal para a 1ª voz:

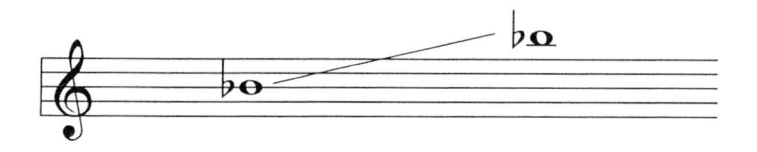

Exemplos para a construção:

[Musical examples: C 7M/6 (I), B m7 (IIIm7), E 7 (alt) (V7), A° (VII°)]

Nas situações a seguir, não é necessário preocupar-se com LIG (limite de intervalo grave) entre a nota mais grave e o baixo assumido (baixo da cifra):

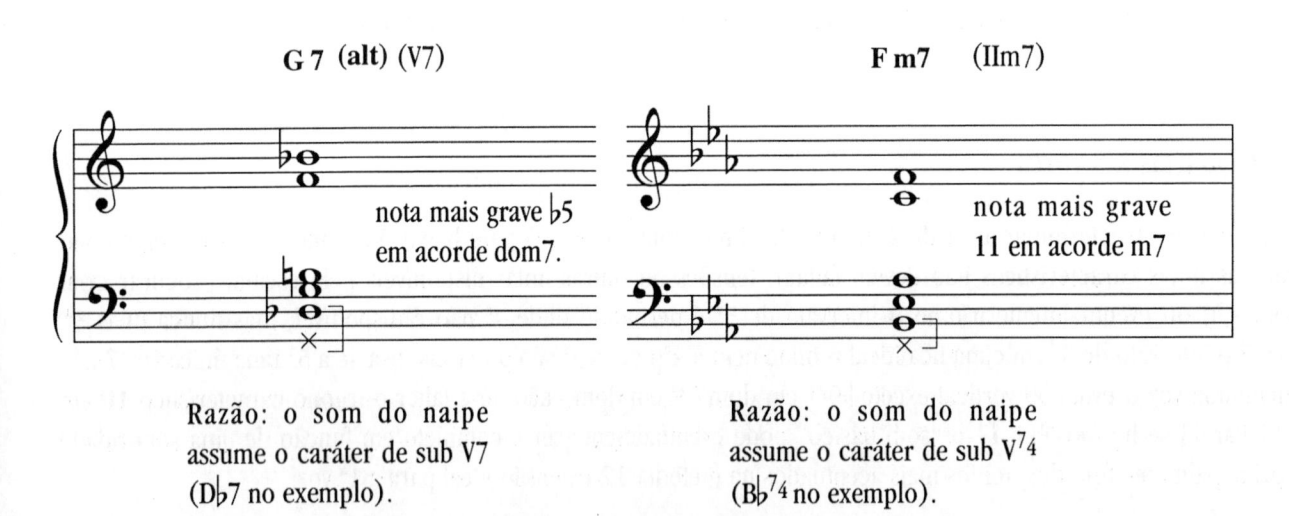

[Musical example: G 7 (alt) (V7)] — nota mais grave ♭5 em acorde dom7.

[Musical example: F m7 (IIm7)] — nota mais grave 11 em acorde m7

Razão: o som do naipe assume o caráter de sub V7 (D♭7 no exemplo).

Razão: o som do naipe assume o caráter de sub V^{7}4 (B♭^{7}4 no exemplo).

* ∧ o o = notas alternativas

Exercício 1 Complete os acordes indicados a 5 vozes em quartas, dadas a nota melódica e a armadura:

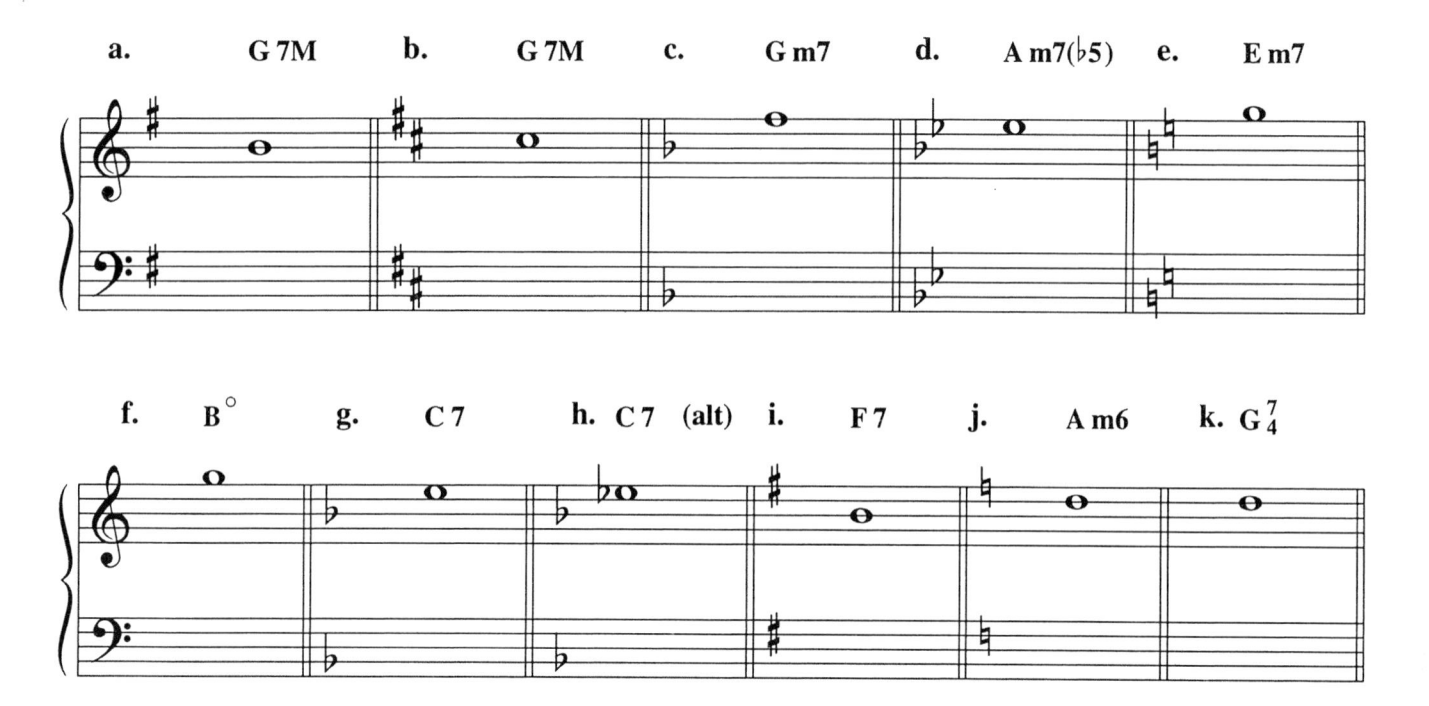

a. G 7M   b. G 7M   c. G m7   d. A m7(♭5)   e. E m7

f. B°   g. C 7   h. C 7 (alt)   i. F 7   j. A m6   k. G $^7_4$

- Quartas a 4 vozes

1 Observe o método básico, indicado para 5 vozes **2** procure usar unicamente 4J ou trítono **3** o intervalo de 3ª só é usado se necessário, entre 1ª e 2ª voz, assim mesmo procure só usar 3M **4** pelo menos a 3ª ou a 7ª deve estar presente, se for impossível usar ambas **5** evite ♭9 vertical **6** extensão ideal para a 1ª voz:

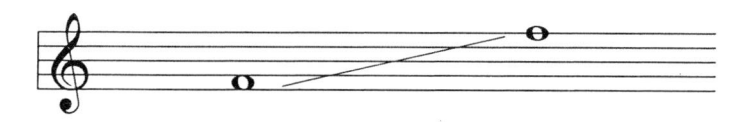

Exemplos para a construção:

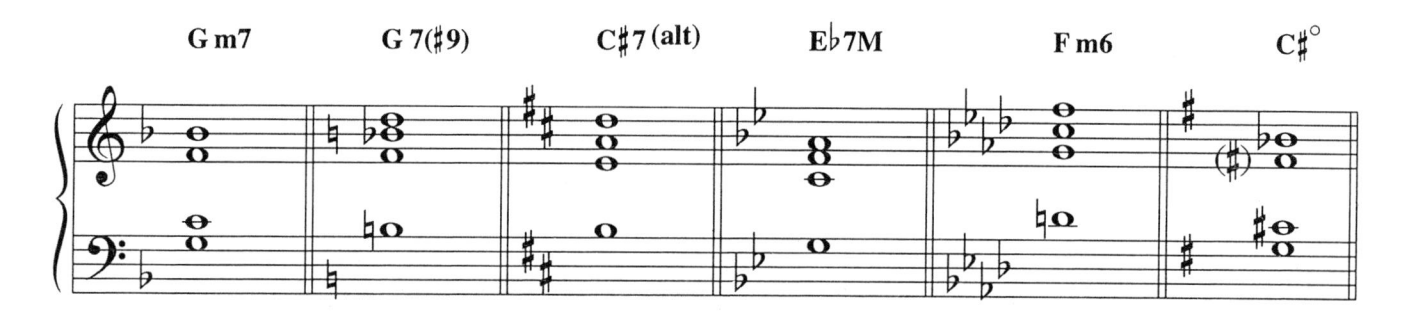

G m7   G 7(♯9)   C♯7 (alt)   E♭7M   F m6   C♯°

Exercício 2 Indique o erro em cada construção:

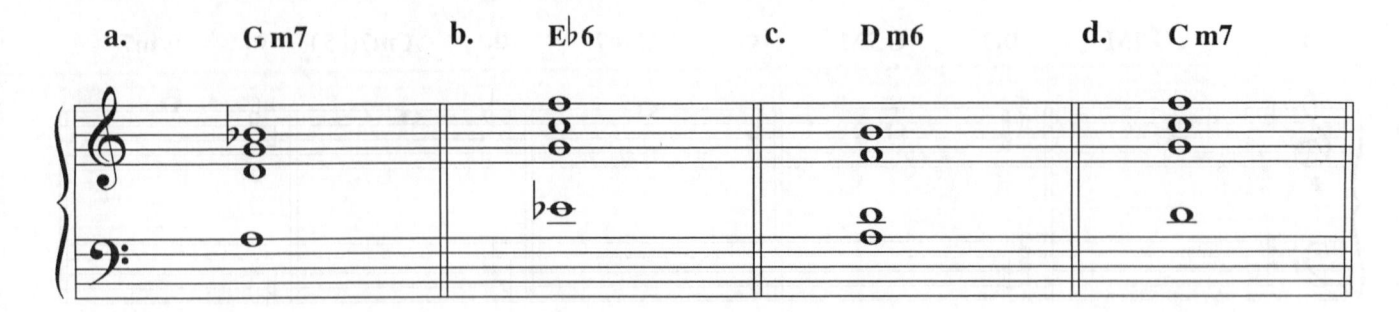

a. G m7   b. E♭6   c. D m6   d. C m7

Exercício 3 Complete os acordes indicados a 4 vozes em quartas, dadas a nota melódica e a armadura:

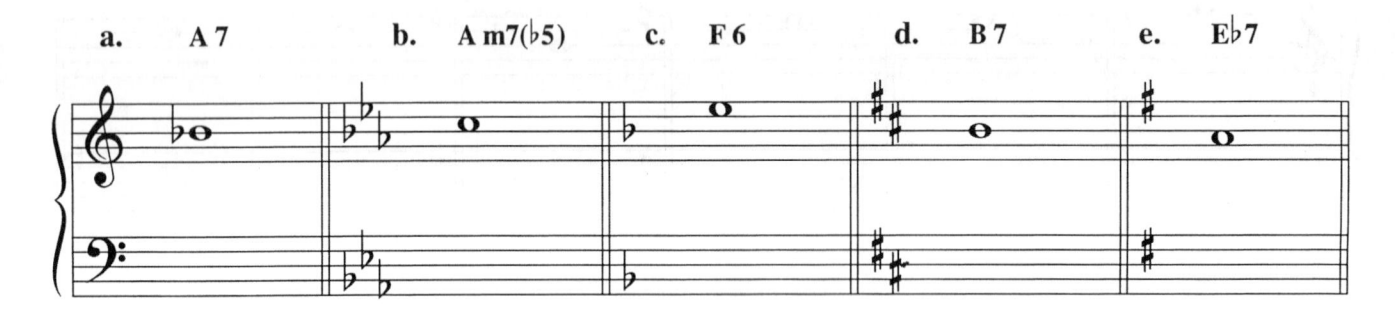

a. A 7   b. A m7(♭5)   c. F 6   d. B 7   e. E♭7

- Quartas a 3 vozes

1 Todos os intervalos adjacentes devem ser 4J ou trítono **2** o som do acorde pode ser incompleto **3** estruturas triádicas não soam mal, mas *não* são quartas, e portanto não produzem o efeito do som em quartas **4** só usar 3ª em caso de nota evitada **5** extensão ideal para a 1ª voz:

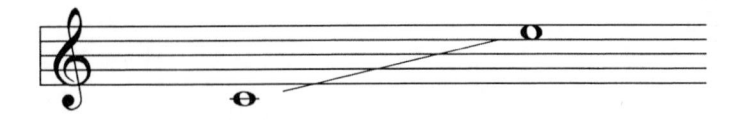

Exemplos para a construção:

D♭7   F 7M   D 7   E m7(♭5)

Exercício 4 Escreva a escala de acorde determinada pela cifra na linha superior e monte os acordes, a 3 vozes em quartas, a partir de cada nota.

C m7

- Quartas a 6 vozes

Em muitas situações, é possível montar acordes a 6 vozes, sem nota repetida. Quando não, dobra-se a melodia, 2 oitavas abaixo:

There'll never be another you (final)   *Warren e Gordon*

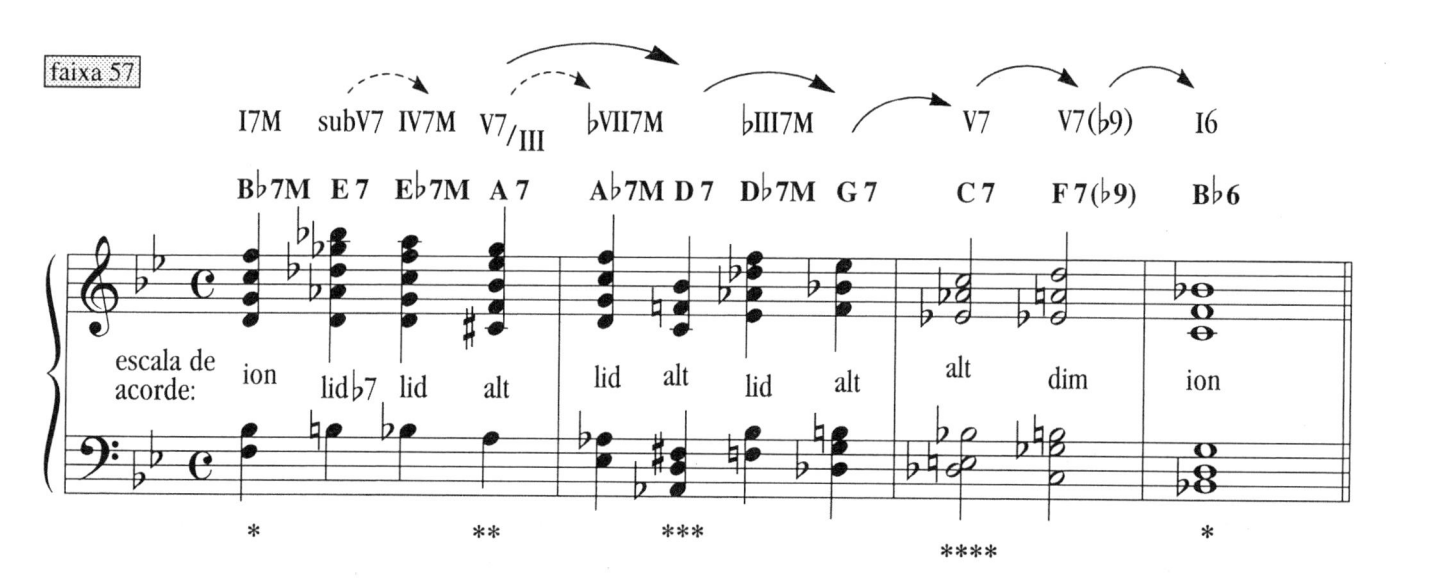

faixa 57

I7M   subV7   IV7M   V7/III   bVII7M   bIII7M   V7   V7(b9)   I6

B♭7M   E7   E♭7M   A7   A♭7M   D7   D♭7M   G7   C7   F7(♭9)   B♭6

escala de acorde: ion   lid♭7   lid   alt   lid   alt   lid   alt   alt   dim   ion

*   **   ***   ****   *

* melodia dobrada 2 oitavas abaixo.

** 4 dim (dó♯ fá) pode ser percebida como 4ª, portanto não se trata de duas 3ªˢ adjacentes no acorde.

*** caso estudado na pág. 14 (lá♭ no grave faz acorde soar A♭7:subV7, sem violação de LIG com baixo assumido).

**** 2 aum (ré♭ mi) pode ser percebida como 3m nessa textura, feita de 3ªˢ e 4ªˢ.

Extensão ideal para 1ª voz:

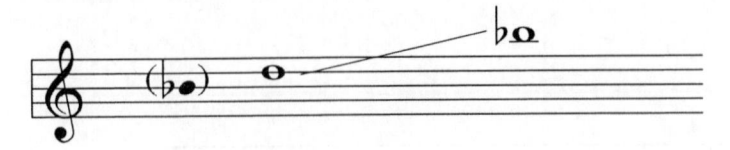

Exercício 5 Complete os acordes indicados a 6 vozes em quartas, dada a nota melódica (não dobre a nota melódica):

a. D 7M   b. A 7   c. D 7 (alt)   d. B♭7(♯11)   e. A m6   f. A m7(♭5)

2 Efeito e emprego

▪ Propriedades acústicas

A técnica de quartas oferece grande riqueza sonora por três razões:
1 o intervalo de 4ª é bastante dissonante, já que a nota de cima, na montagem dos acordes, não é som harmônico da nota de baixo (a 4ª do som gerador só aparece no 21º lugar na Série Harmônica; consulte o capítulo no volume I)
2 por ser uma posição aberta e de perfil simétrico (distâncias similares entre as vozes), há espaço suficiente para soarem os harmônicos de cada voz, garantindo a riqueza tímbrica
3 a harmonia comum ou convencional baseada na superposição de terças soará anticonvencional, se as notas da estrutura forem organizadas em quartas superpostas.

▪ Emprego da estrutura em quartas

A estrutura de quartas se utiliza das notas disponíveis na escala de acorde e realça as dissonâncias da harmonia jazzística. Funciona em qualquer levada e qualquer movimento melódico ou harmônico, passivo ou ativo, cantos ou contracantos rítmicos e sustentados. Qualquer tipo de aproximação harmônica é aplicado a ela.

A exemplo das técnicas mecânicas, posições livres ou espalhadas, a melodia pode ser reforçada em uníssono, em 8ª inferior ou superior por outro instrumento, sem que o bloco perca o som característico da técnica, ocupando, assim, até 7 instrumentos melódicos.

O violão, por ser afinado em quartas, presta extraordinariamente para tocar harmonia na estrutura de quartas. O arranjo deve ser feito antes, pois a mão do violonista não está habituada a essas posições, apesar de acessíveis.

Alguns cuidados

1 Na técnica de quartas, o intervalo de 4ª pode ser ⟵ 4J / 4 aum ou 5 dim / 4 dim

2 o intervalo de 3ª pode ser ⟵ 3M / 3m ou 2 aum / 3 dim

3 o intervalo de 5J só é usado na falta de outra alternativa, mas somente a 5 vozes

4 aproximação harmônica pode ser usada em locais apropriados

5 a 5 vozes, a técnica se assemelha a drop 2+4 com dobramento da melodia ou com substituição do dobramento da melodia por tensão; a opção é viável quando resulta em riqueza

exemplo:

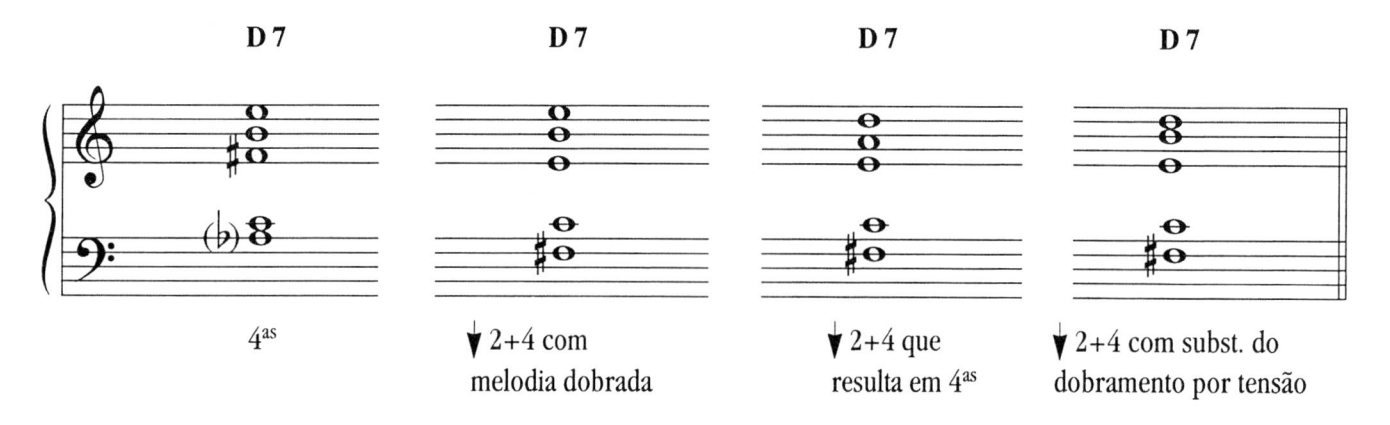

D 7	D 7	D 7	D 7
4ᵃˢ	↓ 2+4 com melodia dobrada	↓ 2+4 que resulta em 4ᵃˢ	↓ 2+4 com subst. do dobramento por tensão

6 observe os limites de intervalos graves (LIG), inclusive com o baixo da cifra assumido

7 cuidado com tensões no grave (em posição aberta não funcionam)

8 após ter planejado as tensões e a escala para um determinado acorde, permita mudar a decisão se a escala escolhida não compensar ao construir a estrutura

9 só use artifícios quando a técnica pura é inviável

10 use a técnica esporadicamente devido à sua densidade sonora, jamais em toda a extensão da música

11 As 4ᵃˢ podem funcionar em pontos de predomínio vertical, misturadas com técnicas mecânicas

Exercício 6 Use técnica mecânica a 5 vozes nos primeiros quatro compassos, assinalando os perfis. A partir do 5º compasso, use técnica em quartas. Faça a análise harmônica, escreva o nome das escalas de acordes, marque os locais e tipos de aproximação harmônica. Instrumentação: trompete/alto/tenor/trombone/barítono

There'll never be another you   *Warren e Gordon*

Exercício 7 Escreva os últimos 4 compassos da mesma música, para 4 vozes em quartas. Escolha um tom adequado para a extensão ideal. Instrumentação: trompete/alto/tenor/trombone

Exercício 8 Escreva os últimos 4 compassos da mesma música, para 3 vozes em quartas. Escolha um tom adequado para a extensão ideal. Instrumentação: alto/tenor/barítono

B ◆ ESTRUTURA SUPERCERRADA (CLUSTER)

1 Técnicas para 3 a 6 vozes

A estrutura supercerrada ou cluster (= cacho, em inglês) organiza as notas disponíveis pela escala do acorde em segundas superpostas. A relação intervalar predominante entre vozes adjacentes é 2M ou 2m. Resulta em muita riqueza sonora, ao juntar notas de acorde a tensões próximas umas das outras.

- **Supercerrada a 5 vozes**

Modo de construir: **1** Determine a escala do acorde **2** Construa a estrutura de cima para baixo a partir da nota da melodia, usando notas de acorde e tensão. Use intervalos de 2ª entre as vozes, sendo permitida uma 3ª na estrutura **3** 4ª pode ocorrer como intervalo mais grave, mas os demais intervalos são 2ªs neste caso **4** A melodia pode ser separada do resto das vozes por 3ª ou 4ª, mas de preferência só até 3ª menor **5** Evite 2ª menor entre 1ª e 2ª voz **6** Os bons "clusters" incluem uma 2ª menor, pelo menos **7** Se houver escolha, dê preferência à 2ª menor (ou 2ª maior) entre as duas vozes mais graves **8** O método de construção pode se processar assim: **a.** coloque o som do acorde (3ª e 7ª, por exemplo) **b.** junte três notas que formem intervalos de 2ª com as notas do som do acorde **9** Extensão ideal para a 1ª voz:

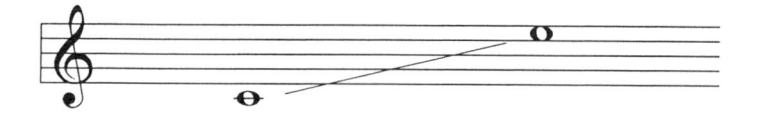

Estrutura supercerrada a 5 vozes também pode ser definida pelo seu tamanho: o intervalo entre as duas vozes extremas não alcança a 8ª.

Exemplos para a construção:

C 7M/6   (I)

* sem a 3ª, mas com a fundamental, o som do acorde continua aceitável

D 7 (alt)

* sem a 7ª, mas com a 9m, o som do acorde continua aceitável: 9m identifica dom7, pois é a única estrutura onde ela ocorre

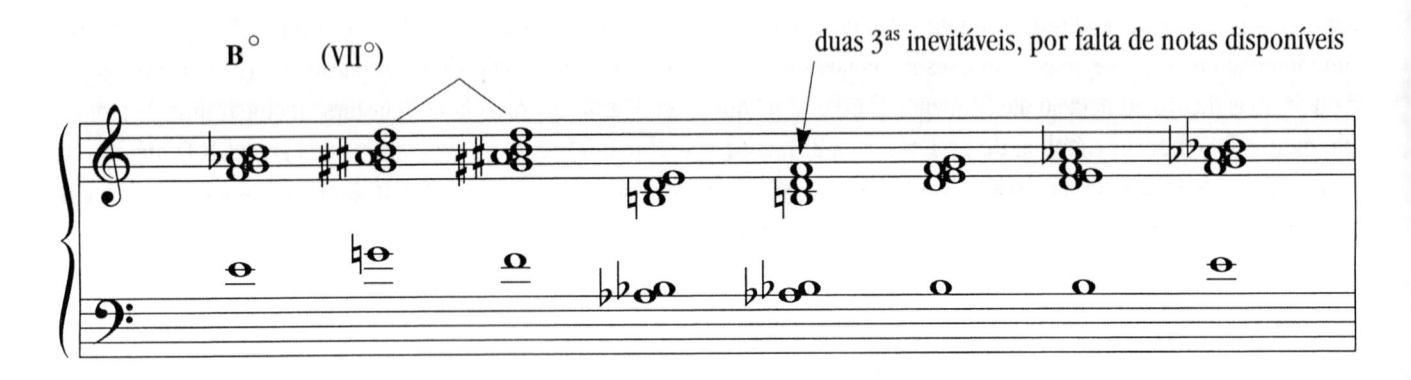

B° (VII°)

duas 3ᵃˢ inevitáveis, por falta de notas disponíveis

Observações:

– várias notas, neste último exemplo, são enarmonizadas na notação, para não ter que aplicar duas alterações, ao mesmo tempo, a uma nota
– no caso de acorde diminuto, não é essencial o cuidado de não faltar 3ª e 7ª do acorde, já que as demais n. a. são de igual importância
– na posição supercerrada, não há o risco da violação do LIG (limite de intervalo grave) devido à região recomendada para a melodia e para a técnica.

Exercício 9 Complete os acordes indicados a 5 vozes em posição supercerrada, dadas a nota melódica e a armadura:

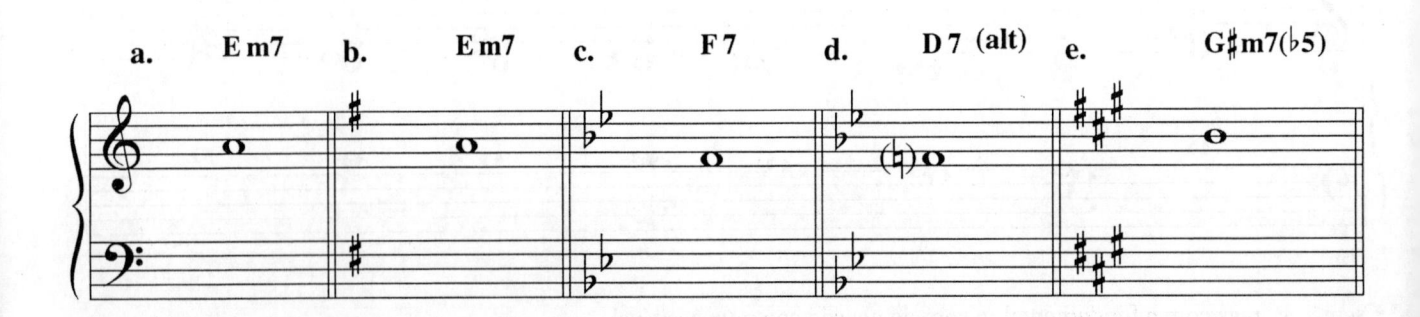

a. E m7   b. E m7   c. F 7   d. D 7 (alt)   e. G♯m7(♭5)

f. G 7M   g. D m6   h. D m(7M)   i. F#°   j. D 7/4   k. E♭7

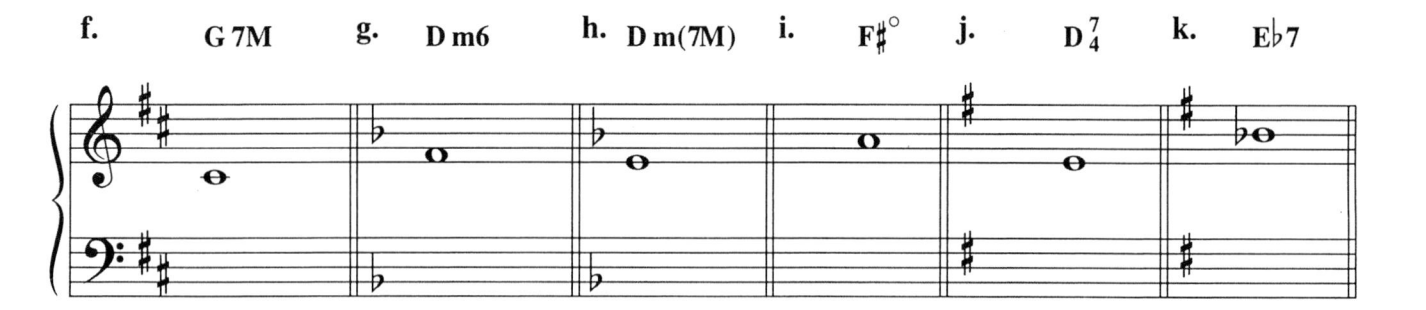

- Supercerrada a 4 vozes

1 Tentar usar unicamente intervalos adjacentes de 2ª **2** Se for necessário, usar 3ª entre 1ª e 2ª voz **3** Evitar semitom entre 1ª e 2ª voz **4** Pode faltar uma das notas características do acorde **5** Usar 4ª entre 1ª e 2ª voz pode ser necessário para a boa montagem **6** Tentar incluir som de acorde, não-diatônico, quando o acorde for desse tipo **7** Extensão ideal para a 1ª voz:

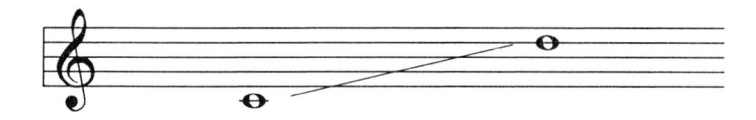

Exercício 10 Identifique o erro em cada construção:

a. G m7   b. C m7   c. C 7   d. G 7

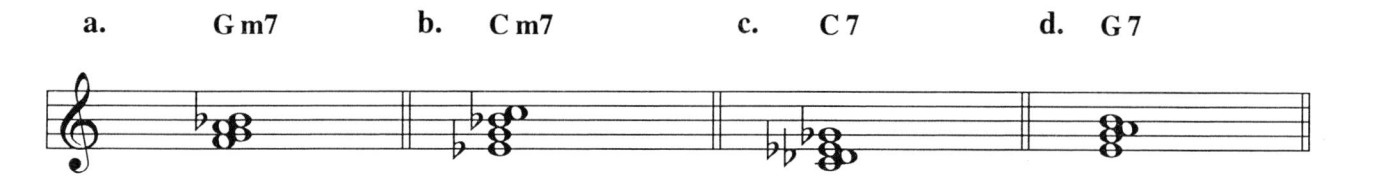

Exercício 11 Complete os acordes indicados a 4 vozes, em supercerrada, dadas a nota melódica e a armadura:

a. G 7   b. B♭7   c. F 7M(#5)   d. B m7   e. D m7

▪ Supercerrada a 3 vozes

1 Os intervalos adjacentes devem ser 2as **2** O som pode ser incompleto **3** Não usar $1/2$ tom entre a 1ª e 2ª voz **4** Só usar terça ou quarta entre a 1ª e 2ª voz para evitar $1/2$ tom, ou evitar 3ª no intervalo inferior **5** Extensão indicada para a 1ª voz:

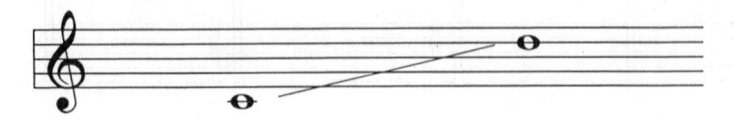

Exemplos para a construção:

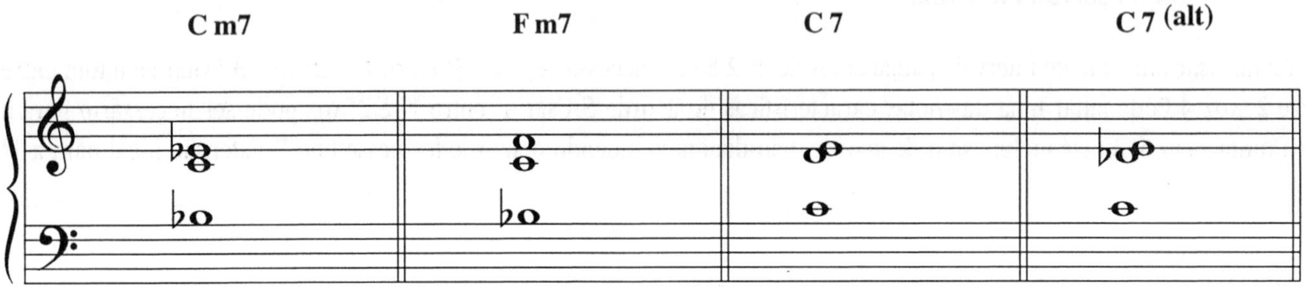

       C m7   F m7   C 7   C 7 (alt)

Exercício 12 Escreva a escala de acorde relativa à cifra na linha superior e monte os acordes a 3 vozes, a partir de cada nota. O tom é **dó maior**.

B°

▪ Supercerrada a 6 vozes

1 Acrescente uma nota disponível a uma supercerrada a 5 vozes, sem alcançar o intervalo de uma 8ª entre as vozes extremas **2** Se não couber nenhuma nota mais, dobre a melodia 8↓ **3** Nenhum supercerrado a 6 vozes deve exceder o tamanho de uma 8ª **4** Extensão indicada para a 1ª voz:

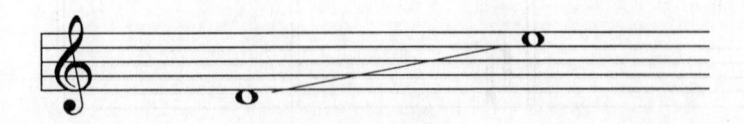

Exemplos para a construção:

É também possível o uso da nota fundamental na voz mais grave, mesmo distante das demais vozes que formam a super-cerrada: a esta estrutura chamamos de semi-espalhada.

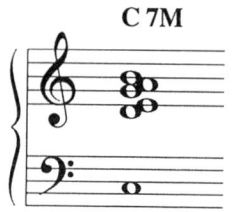

Trecho em supercerrada a 6 vozes:

faixa 58

Cuidado com o som muito denso quando aplicada a música lenta.

2 Efeito e emprego

O som da técnica supercerrada é fortemente dissonante, é um verdadeiro aglomerado feito de notas de acorde e de tensão, separadas predominantemente por tons e semitons. Por isso deve ser usada com economia, nos momentos de impacto em que a riqueza harmônica é desejada no naipe, sobretudo quando a melodia estiver na região grave, onde as técnicas mecânicas levariam à violação de LIG. Aproximações harmônicas lhe são aplicáveis. É própria para melodias não muito ativas, ou contracantos rítmicos ou sustentados. (Evitar em melodias rápidas.) Serve em pontos de predomínio vertical em *soli* aberto, onde se deseja contraste, e ainda como ponte de ligação entre uníssono e estruturas mais abertas.

A exemplo da técnica em quartas, a supercerrada valoriza uma harmonia dissonante e jazzística, e enriquece o som óbvio de terças superpostas da harmonia convencional.

Exercício 13 Escreva o trecho da música a seguir para 5 vozes, na estrutura supercerrada. Faça a análise harmônica, escreva o nome das escalas de acordes, marque os locais e tipos de aproximação harmônica. Instrumentação: trompete/alto/ tenor/trombone/barítono

Bluesette   *Toots Thielemans*

[partitura: G 7M | F♯m7(♭5) B 7(♭9) | E m7 A 7(♭9) | D m7 G 7(♭9) | C 7M | C m7 F 7(♭9) | B♭7M | B♭m7 E♭7(♭9) | A♭7M | A m7 D 7(♭9) | B m7 B♭7 | A m7 D 7(♭9) | D.C.]

* aplique aproximação dupla por estrutura constante

Exercício 14 Escreva os primeiros 8 compassos da mesma música, para 4 vozes na estrutura supercerrada. Instrumentação: 2 altos/2 tenores

Exercício 15 Escreva os primeiros 8 compassos da mesma música, para 3 vozes na estrutura supercerrada. Instrumentação: flauta baixo/clarinete/clarone

C ◆ TRÍADES DE ESTRUTURA SUPERIOR (TES)

1 Técnicas para 3 a 6 vozes

Tríade de estrutura superior (TES) é estrutura triádica maior ou menor*, em posição cerrada e qualquer inversão. Consiste em notas da escala de acorde, incluindo no mínimo uma nota de tensão. Quanto mais notas de T mais rico o seu som. A estrutura geral do acorde compreende duas seções: a TES e a estrutura inferior. A estrutura inferior consta do som básico do acorde. As duas seções são separadas pelo intervalo de 4J, pelo menos:

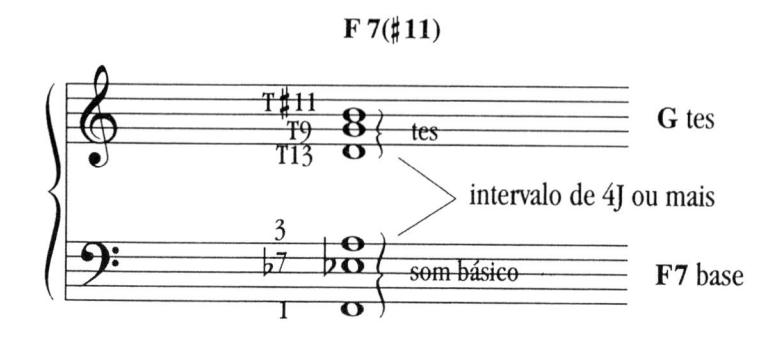

* aumentada só é disponível na falta de tríade M ou m (como é o caso da escala de tons inteiros)

- Tríade de estrutura superior a 5 vozes

Modo de construir: **1** Determine a escala de acorde do momento **2** Procure todas as tríades maiores e menores que a escala oferece, que incluam a nota da melodia (1ª voz) **3** Selecione a tríade com maior número de T para maior riqueza de som **4** Monte a tríade de cima para baixo, em posição cerrada, a partir da 1ª voz **5** Faça a estrutura inferior representar o som básico do acorde, omitindo a nota que já se encontra na estrutura superior (dobramento de uma nota é possível, embora mais aceitável a 6 ou mais vozes.) **6** A estrutura inferior deve estar separada da superior pelo intervalo de 4J, no mínimo, ou 8J, no máximo.

Como é feita a seleção das tríades disponíveis: **1** Determine as 3 tríades maiores e as 3 tríades menores onde a nota melódica pode ser 1, 3 ou 5 **2** Entre essas 6 tríades, elimine as que incluam nota(s) evitada(s) ou não-diatônica(s) à escala de acorde disponível **3** Entre as tríades restantes, escolha a que tiver o maior número de notas de tensão **4** Extensão ideal para a 1ª voz:

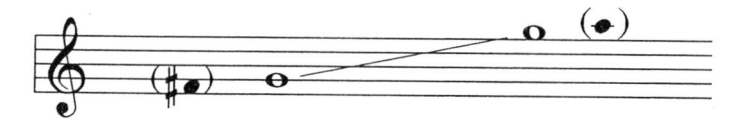

Exemplo:

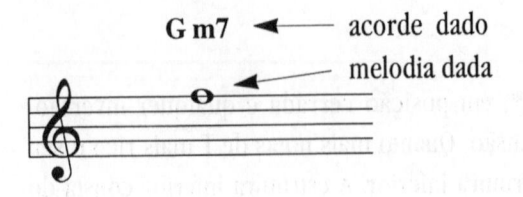

G m7 ← acorde dado
← melodia dada

escala disponível:

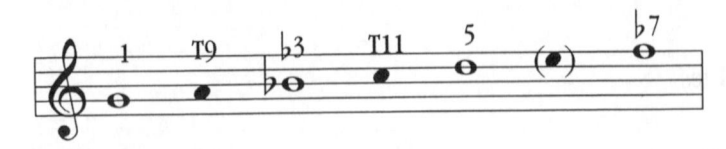

1   T9   ♭3   T11   5   (●)   ♭7

seleção da tríade:

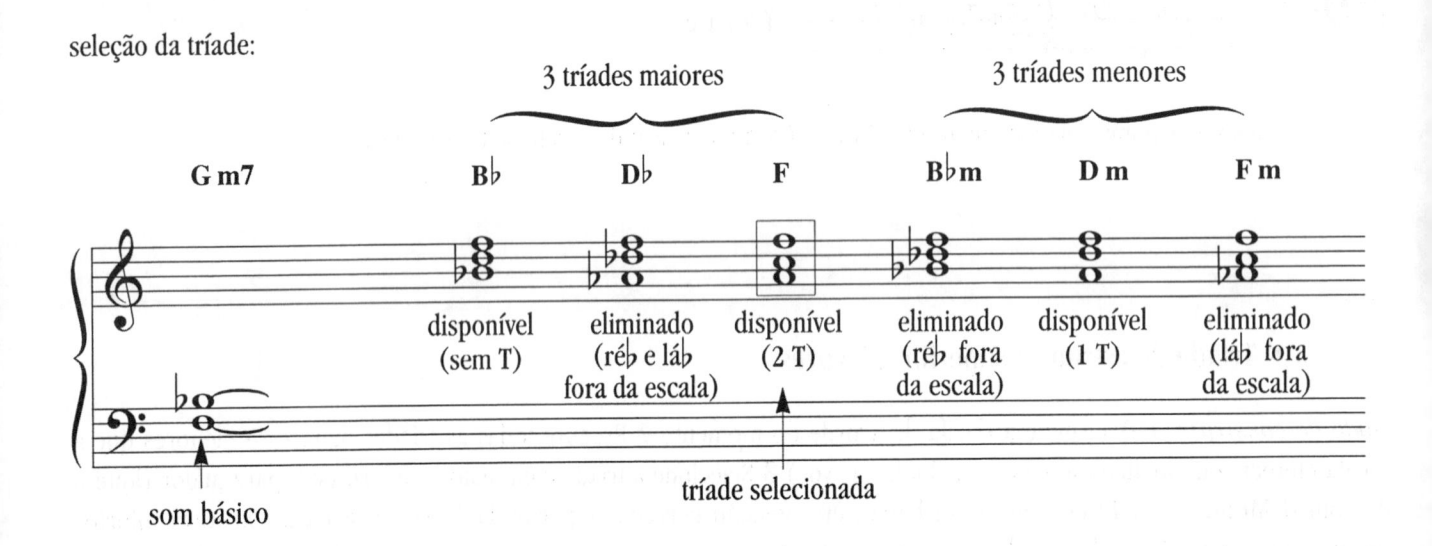

3 tríades maiores | 3 tríades menores

G m7 | B♭ | D♭ | F | B♭m | D m | F m

disponível (sem T) | eliminado (ré♭ e lá♭ fora da escala) | disponível (2 T) | eliminado (ré♭ fora da escala) | disponível (1 T) | eliminado (lá♭ fora da escala)

som básico

tríade selecionada

realização:

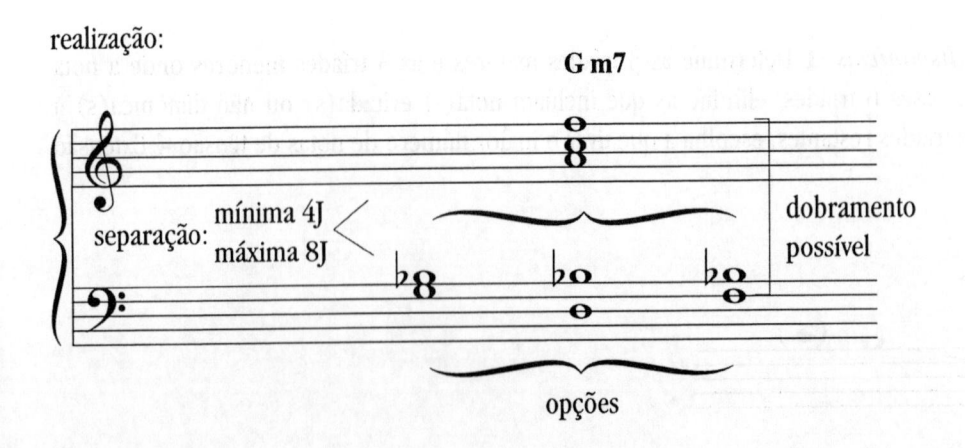

G m7

separação: mínima 4J
máxima 8J

dobramento possível

opções

Exemplos para construção:

G 7 (alt)

[notação musical com acordes numerados de 1 a 12]

Observe a enarmonização da sensível por **dó♭** para fácil identificação de certas TES. Observe também que T♯5 foi evitada nas estruturas inferiores, devido ao seu som indesejável na região grave. Consulte a escala "alterada" da qual todas as montagens foram extraídas:

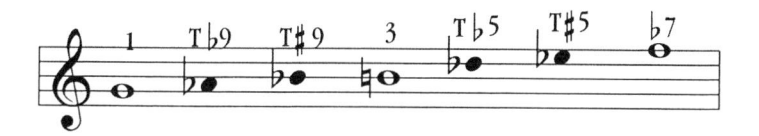

[escala alterada com graus: 1, T♭9, T♯9, 3, T♭5, T♯5, ♭7]

Exercício 16 a. Em alguma montagem dos exemplos acima apresentados houve dobramento de voz?

    b. Os acordes são identificados de 1 a 12. Em quais acordes a TES apresenta 1T? 2T? 3T?

    c. Em quais acordes a estrutura inferior não usa uma das notas básicas por ela aparecer na TES?

Exercício 17 Complete os acordes indicados a 5 vozes em posição TES, dadas a nota melódica e a armadura:

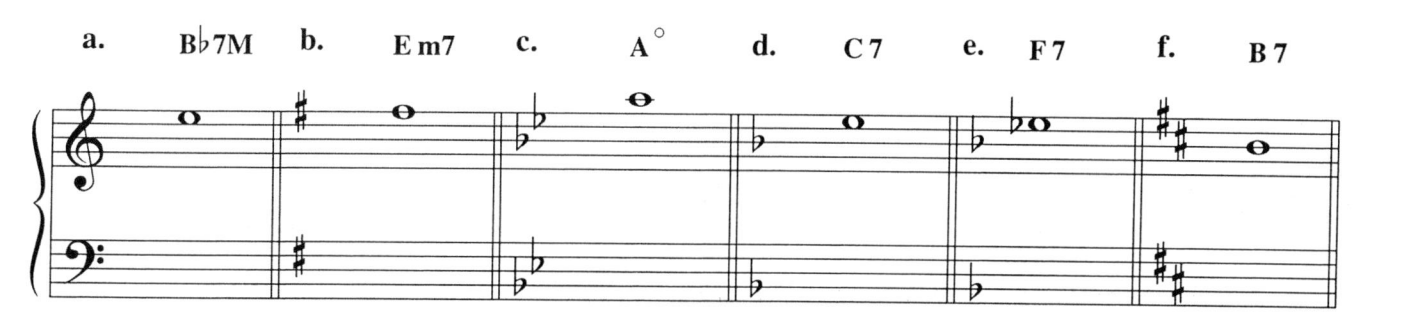

a. B♭7M   b. Em7   c. A°   d. C7   e. F7   f. B7

▪ Tríade de estrutura superior a 6 vozes

Modo de construir: Procedimento igual ao descrito para 5 vozes. Na estrutura inferior haverá, agora, 3 vozes, podendo enriquecer o acorde com nota de T não-usada na TES (evitando **a.** ♯5 ou ♭13 **b.** violação do limite de intervalos graves [LIG] real ou com baixo assumido **c.** o indevido ♭9 vertical). A última voz pode ser a fundamental, dando maior clareza harmônica. O uso persistente da nota fundamental na última voz, durante um trecho, leva à técnica da *posição espalhada*. Dobrar uma das vozes ou usar nota branda (não-dissonante) pode ser bom, para beneficiar o perfil na montagem do acorde.

Extensão ideal para a 1ª voz:

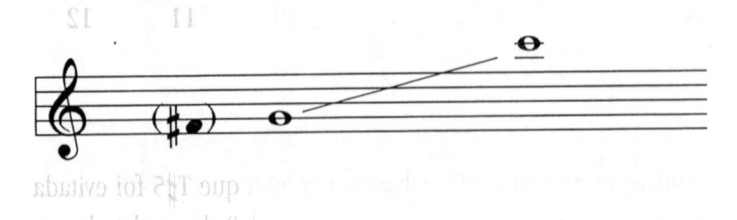

Para efeito de comparação, usaremos os mesmos exemplos apresentados para 5 vozes:

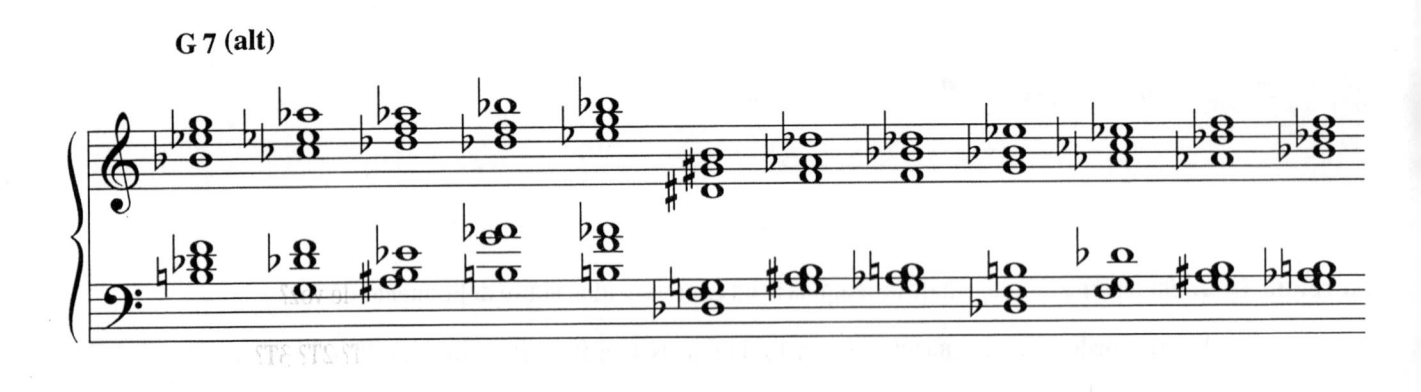

G 7 (alt)

Exercício 18 Escreva a escala de acorde relativa à cifra na linha superior e monte os acordes na posição TES para 6 vozes, a partir de cada nota

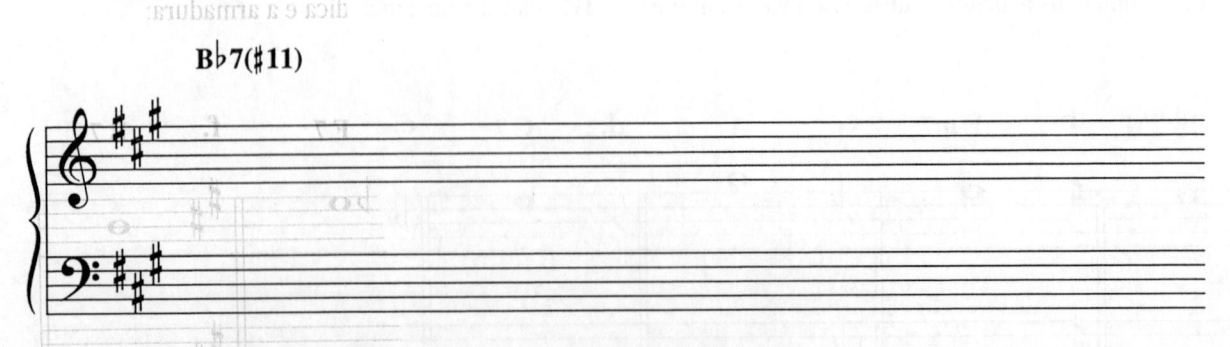

B♭7(♯11)

Obs.: Evite tríade diminuta; tríade aumentada é aceitável, na falta de outra.

Tríade de estrutura superior a 4 vozes

Modo de construir: Os melhores resultados são alcançados quando a TES está na 2ª inversão e é suportada por uma nota de acorde 4ª abaixo:

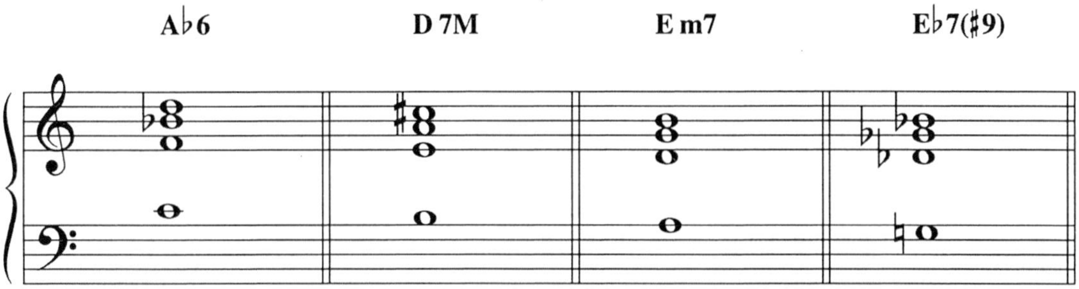

Isso pode não funcionar. O melhor programa de trabalho: **1** Construa a TES **2** Coloque nota de acorde na 4ª voz, procurando obter estrutura de quartas; quando não há essa possibilidade, procure a nota de suporte a outro intervalo **3** Uma das notas características do acorde pode faltar na montagem.

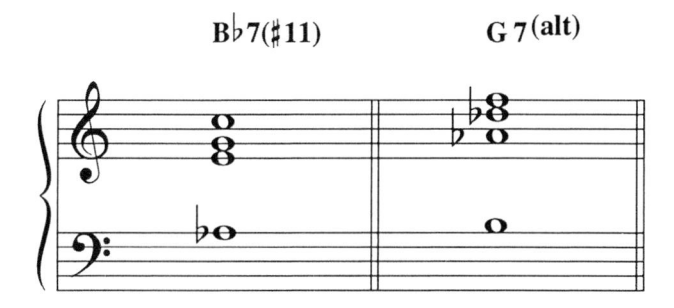

Extensão ideal para a 1ª voz:

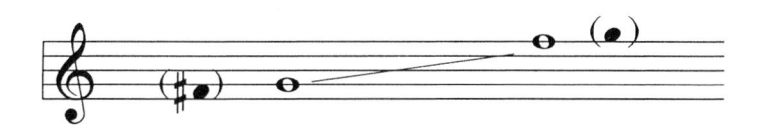

Exercício 19 Complete os acordes indicados a 4 vozes em posição TES, dadas a nota melódica e a armadura:

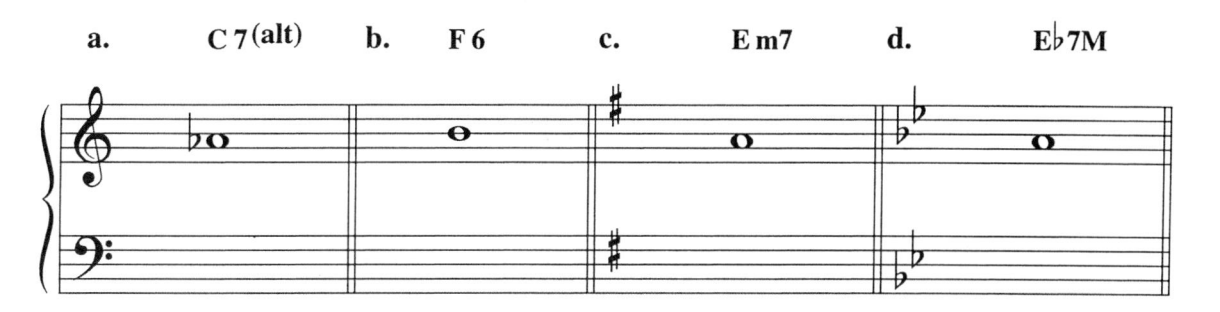

▪ Tríade de estrutura superior a 3 vozes

Com apenas três vozes disponíveis para formar o naipe, elas formarão a tríade de estrutura superior, deixando o som básico do acorde por conta do acompanhamento harmônico.

Esse cara   *Caetano Veloso*

Já que a TES a 3 vozes não dispõe de estrutura inferior no naipe, a extensão ideal para a 1ª voz não é definida.

Exercício 20 Complete os acordes indicados a 3 vozes em posição TES, dadas a nota melódica e a armadura:

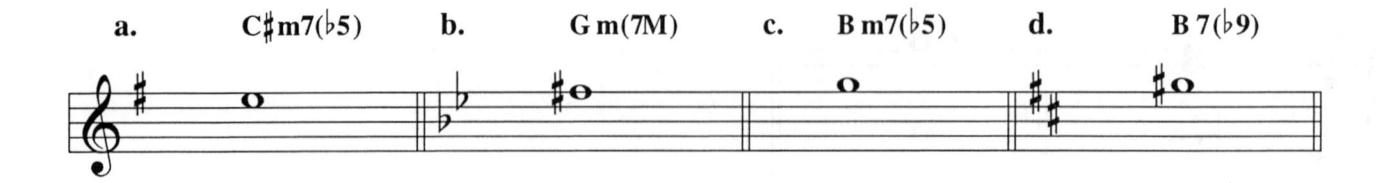

Abaixo da TES, o baixo do acorde pode ser tocado por um contrabaixo ou instrumento melódico grave:

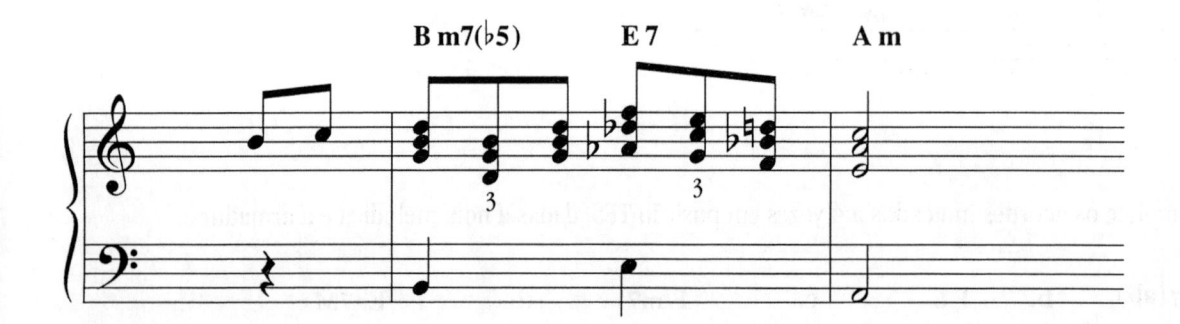

Em certos momentos, em tal situação a seção harmônica pode ser dispensada durante um trecho da música, o que produz um som vago e interessante.

2 | Efeito e emprego

Mesmo as harmonias mais simples ganham riqueza notável com o emprego de TES. É autêntica na linguagem jazzística/dissonante.

- **TES em seqüência, durante um trecho**

1 É recomendado que o trecho escolhido para TES seja o clímax do arranjo, e só por tempo limitado. É próprio a momentos de grande riqueza harmônica e melodia não muito ativa.
2 Onde cada nota melódica recebe acorde diferente, TES é indicada combinada com a posição espalhada (presença da fundamental no naipe).
3 Em contracantos passivos ou percussivos.

- **TES em pontos ou fragmentos isolados**

1 Pontos de predomínio vertical.
2 Combinada com a técnica em quartas onde o perfil de 4J não funciona [acordes diminutos, dom7$\binom{\flat 9}{13}$].
3 Como ênfase no ponto alto da frase.

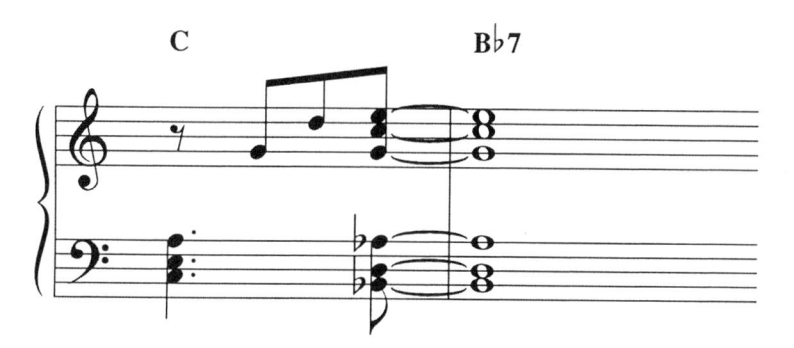

4 Final de música

   a. final maior: trocando I jônico por escalas que produzem TES de sonoridade rica

b. final menor:

– acréscimo de 6 em Im7 formando TES

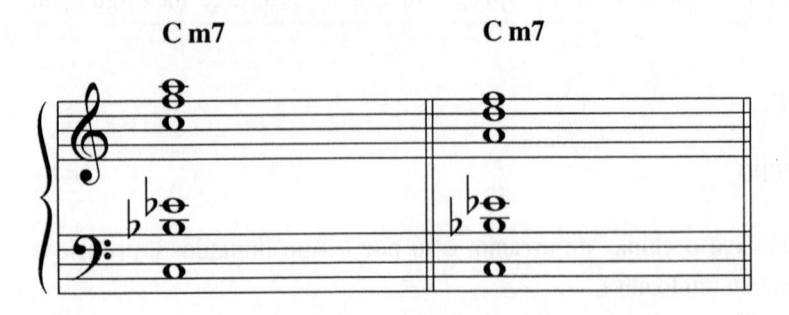

– trocando Im7 eólio/dórico por menor melódico

5 melodia em arpejo

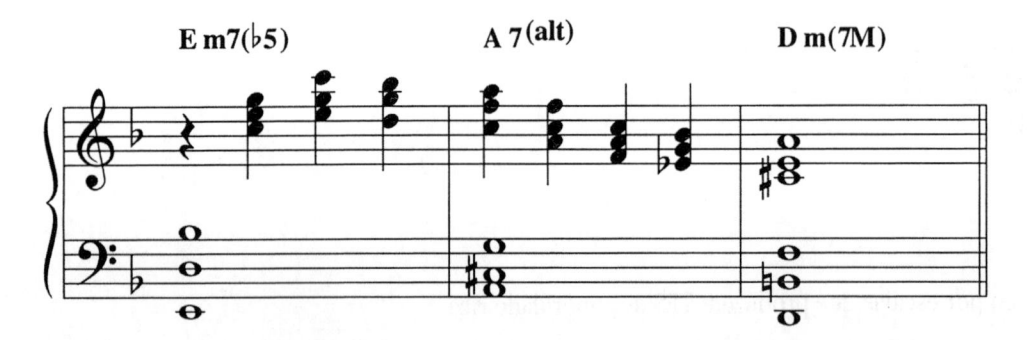

TES são mais bem aplicadas em dois naipes com ritmos independentes. A estrutura inferior é tocada a 2 ou 3 vozes em forma de fundo harmônico ou notas sustentadas (em posição espalhada ou não) e a melodia, mais ativa, é harmonizada com TES, nota por nota. É trabalhoso, mas resulta em sonoridade extremamente rica e sofisticada. A distância mínima de 4J entre as duas estruturas não precisa ser observada, em divisões independentes.

'Round midnight — Thelonious Monk

Observações. Devido à beleza da linha do baixo nessa harmonia, foi escolhida a posição espalhada. Notemos o uso esporádico, nas TES, de aproximação harmônica. As escalas de acorde são deduzidas da análise harmônica e das notas melódicas. Entretanto, cabendo mais de uma escala num momento dado, escolhemos a que mais oferece riqueza de TES (por ex. escala diminuta em vez de lídio b7 para D7, no 3º compasso). A notação, dentro da redução a 2 pautas (sistema de 11 linhas), está repleta de notas enarmonizadas para melhor visualizar as TES mas, ao copiar as partes de cada instrumento, devem ser observadas a armadura e a linha melódica, nas passagens cromáticas e não-diatônicas.

Exercício 21 Escreva a parte do oboé deste exemplo.

Exercício 22 Escreva a música a seguir (*Very Early*) em TES e posição espalhada para 6 vozes. Use 3 trombones na estrutura inferior, representando a "cortina harmônica" em notas sustentadas (ritmo independente da melodia), a exemplo do arranjo anterior. A estrutura superior deve ser para 3 trompetes na 1ª parte e 3 flautas (flauta comum, flauta em sol e flauta baixo) na 2ª parte, até o fim. Anote as escalas de acorde escolhidas, acima de cada cifra. Assinale eventuais aproximações harmônicas, classificando-as.

Very early   Bill Evans

6ª PARTE
TÉCNICA LINEAR EM BLOCO

A ◆ APRESENTAÇÃO

O bloco, em todas as técnicas vistas até agora, representou o som de acorde, onde não faltam as notas características (3ª e 7ª em geral). Essa medida garante a nitidez da harmonia e das funções harmônicas (preparação/resolução). O som é enriquecido pelo uso de notas de tensão e pela distribuição das vozes em intervalos inusitados (como 4ªˢ e 2ªˢ superpostas).

A *técnica linear em bloco* descarta todos esses conceitos. Em vez de se preocupar com o som do acorde, representa o *som da escala do acorde*, onde a 3ª e a 7ª *não* são mais importantes do que as outras notas. Na música tonal, feita de preparações e resoluções, isso produzirá uma sonoridade não-óbvia, sem explicitar cada acorde. O mais contundente será a ausência do trítono da dominante, e isso resultará em som *modal* no naipe, mesmo que a seção harmônica continue com o som convencional da harmonia, pelos caminhos corriqueiros do tonalismo (II V I, por exemplo). Sem dúvida, a ausência de definição dos sons de acorde produzirá som de grande (e estranha) riqueza, mesmo nas músicas de caminhos harmônicos óbvios e repetitivos.

A riqueza harmônica, em lugar de notas de tensão, vem dos *intervalos dissonantes* que as notas, selecionadas da escala de acorde, formam entre si na estrutura montada.

A técnica linear, nas notas melódicas mais importantes, busca a riqueza vertical (harmônica). Entre um e outro *ponto harmônico*, faz a ligação melódica *linear*, onde cada voz é conduzida em sentido horizontal, como se fossem correntes a ligar os pilares ("harmônicos") de uma ponte suspensa:

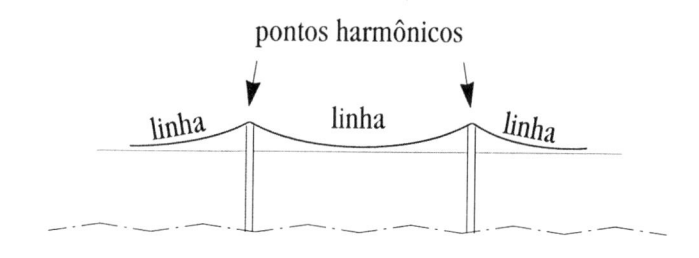

(O embrião desse conceito se encontra no Capítulo "Melodia em bloco a dois", volume I, página 112.)

A técnica linear em bloco é aplicada a qualquer número de vozes (a partir de duas) e funciona extraordinariamente em músicas de caminhos harmônicos de forte definição tonal (sucessão de preparação/resolução) com a melodia bastante movimentada, como é o caso de choros e sambas antigos (Brasil) e bebop (EUA) – para mencionar os mais gratificantes. De um modo geral, é aplicada onde a melodia for mais ativa do que a harmonia (mais de uma nota melódica por acorde).

A técnica linear em bloco é aplicada com acompanhamento da seção rítmico-harmônica, mas também funciona a capela. Quando a capela, a sonoridade do bloco será ainda mais modal, harmonicamente ainda mais "vaga". Alguns dos exemplos gravados em nosso CD apresentam a técnica *sem* e *com* a seção rítmico-harmônica para se fazer sentir a diferença.

B ◆ PONTOS HARMÔNICOS

1 Preliminares

Ponto harmônico é nota de melodia situada em momento importante da música. Aqui, riqueza harmônica é desejável.

- **Localização dos pontos harmônicos**

De início, são escolhidos os pontos harmônicos (PHs): notas da melodia com as seguintes características:

– nota longa (mais de um tempo)
– nota seguida por pausa
– última nota da frase melódica
– nota acentuada
– notas em frase percussiva (entrecortadas de pausas e saltos)
– nota precedida e/ou seguida de salto grande, especialmente onde a melodia muda de direção
– a primeira nota importante em novo tom ou em acorde não-diatônico ou em função harmônica diferente
– qualquer nota que você julgue importante.

   Pontos harmônicos devem ser escassos na melodia, deixando predominar as *linhas*. Algumas notas, mesmo que se enquadrem nas situações acima, não serão PHs quando houver outras mais importantes por perto. (A importância das notas é relativa.)
   Em alguns trechos, haverá uma nota melódica de destaque máximo entre todos os PHs: o clímax primário (CP). Pode ainda haver um clímax secundário (CS). Ao CP e CS devem ser conferidos os sons mais ricos, entre todos os PHs. A escolha do CP deve ser feita primeiro, ele chama a atenção. Haverá trechos onde os PHs são equivalentes: sem nenhum clímax. Poderá, ainda, haver várias mudanças de acorde sem que haja PH. Enfim, a "topografia" melódica, e não a harmonia, vai definir os locais de PHs.

Sugestão de PHs em *'Round midnight*, de Thelonious Monk:

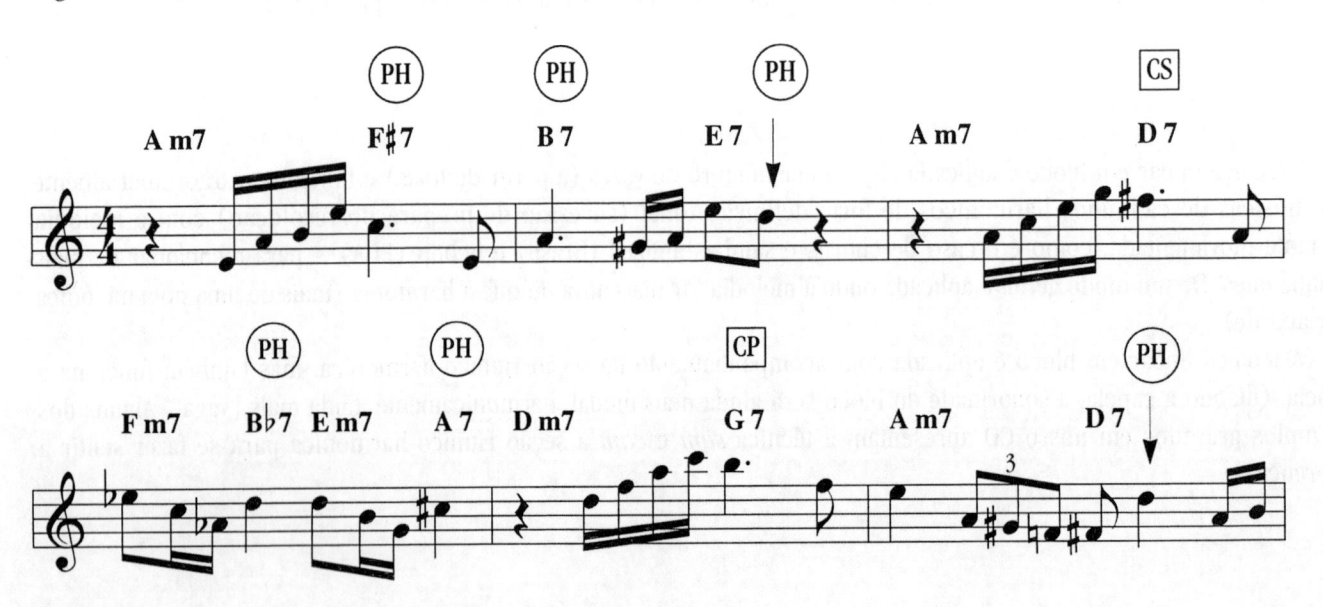

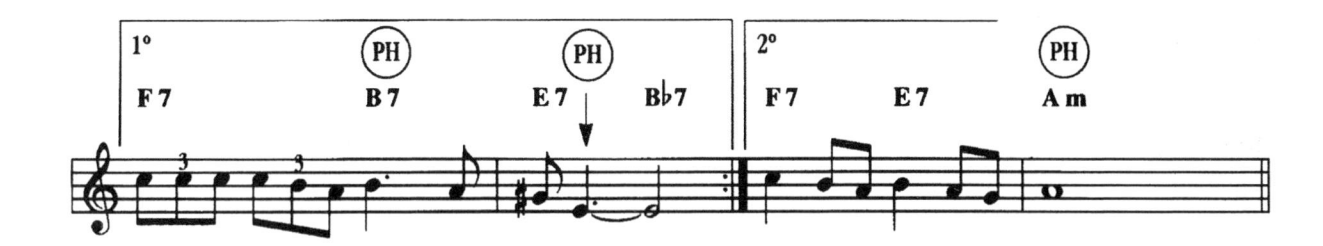

■ Riqueza X brandura

Riqueza vem de dois fatores: **1** quantidade e qualidade de dissonâncias entre as notas componentes da estrutura montada **2** tamanho da estrutura montada (distância entre as vozes extremas): quanto maior mais rico.

A riqueza do som nos PHs, graduada entre branda e máxima riqueza, é planejada *antes* da montagem dos acordes. O CP será o ponto mais rico, o CS menos rico, e os PHs comuns ainda menos ricos; a riqueza relativa deve respeitar a hierarquia desses itens. Em pontos especiais de repouso, por exemplo numa nota final sustentada e grave, pode-se optar pela máxima brandura. (A região grave de nota melódica pode, ainda, determinar que a estrutura seja pequena, mesmo sendo desejada a riqueza. Neste caso, somente as dissonâncias internas contribuem na riqueza.)

■ Classificação dos intervalos pela dissonância

Dissonância se dá pelos intervalos formados entre as alturas físicas das notas na estrutura, e não pelas funções que ocupam no acorde e no tom. Por isso, intervalos como 2 aum, 5 aum, 7 dim devem ser enarmonizados para dar 3m, 6m e 6M respectivamente. A distância, em oitavas, não influi na dissonância intervalar.

Qualquer intervalo, ainda, é equivalente em dissonância à sua inversão (o que facilita a memorização da classificação a seguir).

Quanto à classificação dos intervalos pela sua dissonância, deve ser observada a tabela seguinte:

INTERVALOS

DISSONANTES (D)	CONSONANTES (C)
2m ou 7M, dissonância primária (DP) 2M ou 7m, dissonância de 2ª ordem 4J ou 5J, dissonância de 3ª ordem 4 aum ou 5 dim, dissonância de 4ª ordem	qualquer 3ª ou 6ª (sem classificação)

Esta classificação das dissonâncias se baseia na série harmônica (vide volume I, página 100), isto é, na percepção humana das relações entre os sons definidos. A riqueza de um determinado PH quanto à sua dissonância vem do número de dissonâncias primárias (DPs) nele encontradas. Onde não há DP disponível, são usadas dissonâncias de 2ª, 3ª ou 4ª ordem. Consonância só será usada para obter máxima brandura.

Exercício 23 Quantos intervalos são formados dentro de uma estrutura de 5 notas?

Exercício 24 Classifique cada intervalo encontrado nos acordes seguintes. Use chaves verticais e coloque os respectivos símbolos ao lado: DP (=dissonância primária), 2ª ord (= diss. de 2ª ordem), 3ª ord (= diss. de 3ª ordem), 4ª ord (= diss. de 4ª ordem), C (= consonância):

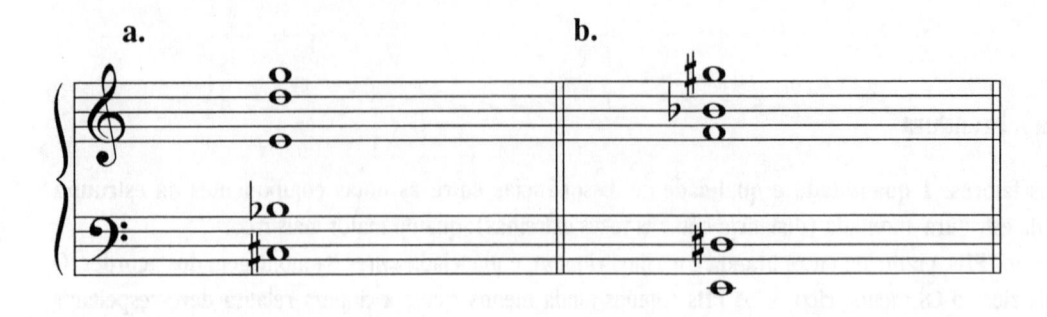

a. b.

Exercício 25 Classifique cada intervalo encontrado nos acordes seguintes, em D (dissonante) ou C (consonante), apenas:

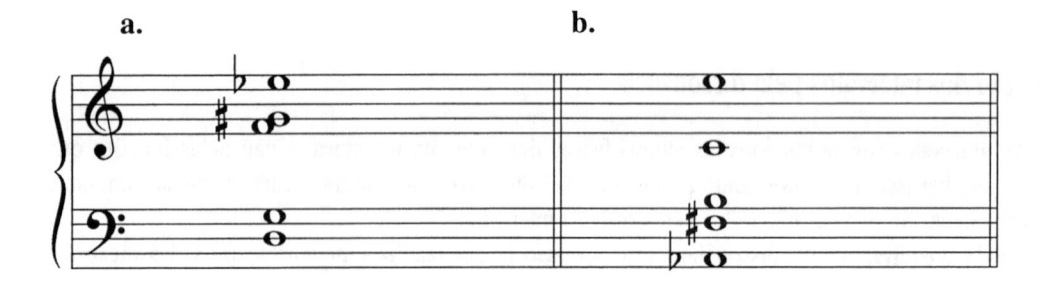

a. b.

---

2 Estrutura "som de escala" com riqueza intervalar (RI) e tamanho planejados

- Escalas de acorde mais usadas

O quadro a seguir serve de base para a escolha de escalas na construção dos pontos harmônicos (PHs). Não deixe de consultar, antes, o Capítulo "Escalas de acorde", volume II, página 49.

ESCALAS DE ACORDE MAIS USADAS

ACORDES MAIORES (subentende 7M/6)		ACORDES MENORES		ACORDES DOMINANTES		ACORDES MEIO-DIMINUTOS (9M não-disponível)*		ACORDES DIMINUTOS		
I	jon	Im7	eol	V7 [t. maior]	mix alt sim*	VIIm7(b5)	loc	VII° [t. menor]	nat*
IV	lid	Im6/7M	mel	V7 [t. menor]	har alt	IIm7(b5)	loc	VII° [t. maior]	sim
bII	lid	IIm7	dor	II7 [t. maior]	lidb7	IIIm7(b5)	loc	#I°	nat
bIII [t. maior]	lid	IIIm7	fri	II7 [t. menor]	alt	#IVm7(b5)	loc	#II°	nat
bIII [t. menor]	jon	IVm7	dor	I7	mix lidb7			III°	sim
bVI	lid	IVm6/7M	mel	III7	har alt			#IV°	sim
bVII [t. maior]	lid	Vm7	dor	VI7	har alt			V°	nat
bVII [t. menor]	jon	VIm7	eol	VII7	alt				
				bII7	lidb7				
				bIII7	lidb7				
				IV7	lidb7				
				bVI7	lidb7				
				bVII7 [t. maior]	lidb7				
				bVII7 [t. menor]	mix				

COMENTÁRIOS

1 Abreviações: jon = jônico, lid = lídio, eol = eólio, dor = dórico, fri = frígio, loc = lócrio, mix = mixolídio, alt = alterado, mel = menor melódico, har = menor harmônico 5▼, nat = menor natural 1/2▼, sim = diminuto simétrico

2 Todos os números romanos representam graus do tom principal. Assim I7 pode ser V7/IV ou ainda IV7 pode ser sub V7/III.

3 Somente as escalas mais usadas e os acordes mais freqüentes estão incluídos no quadro.

4 Melodia e cifragem podem sugerir escalas diferentes, incluídas ou não no quadro (por ex. lídio #5, tons inteiros).

*escalas mais sofisticadas como *sim*, *nat*, *locr9M* e *tons* não são típicas em técnica linear que se alimenta, basicamente, de harmonia simples.

Ao preparar os exercícios que se seguirão, observe as normas seguintes:

1 notas de acorde: brancas (sem haste)
notas de tensão ou escala: pretas (sem haste)
notas evitadas: ✕

2 escreva 3 escalas na largura do papel; acima da escala escreva a cifra e o nome da escala e abaixo, a análise (simbologia conforme quadro); deixe um pentagrama livre acima e outro abaixo, para não tumultuar o visual

3 use armadura na clave e em adição os acidentes locais, não dispensando ♮ nas notas alteradas pela armadura (sistema exclusivo para treino: armadura indica o tom, acidente local revela a estrutura da escala; a combinação dos dois treina concentração)

4 enarmonize cifra (e a respectiva escala) para evitar C♭ ou F♭, por exemplo:
use B7 em lugar de C♭7, como ♭II7 em **si♭ maior** ou E em lugar de F♭, como ♭VI em **lá♭ maior**

5 não enarmonize notas *dentro* da escala, exceto nas seguintes situações:

a. escala alterada: notas que não sejam 1-3-♭7, com dois objetivos: evitar dobrados ♯ ou dobrados ♭ e tornar a notação mais "linear" para a leitura melódica, sendo a mistura de ♭ e ♯ nas notas complementares (fora das n. a.) pouco aconselhável; exemplos:

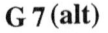

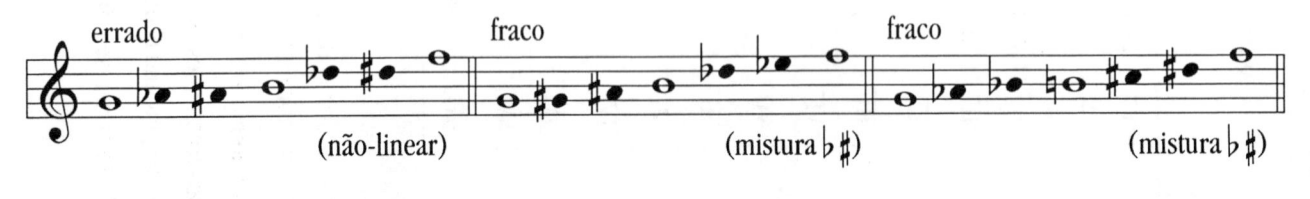

C♯7 (alt)

errado — (uso de dobrado ♯)   certo — (linear)

B♭7 (alt)

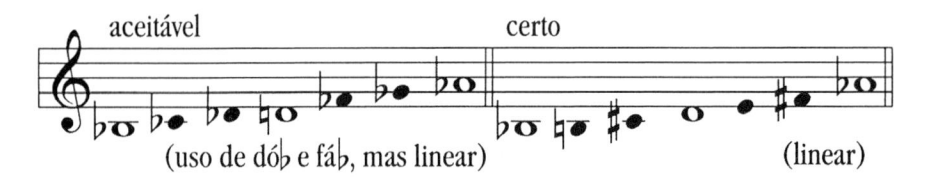

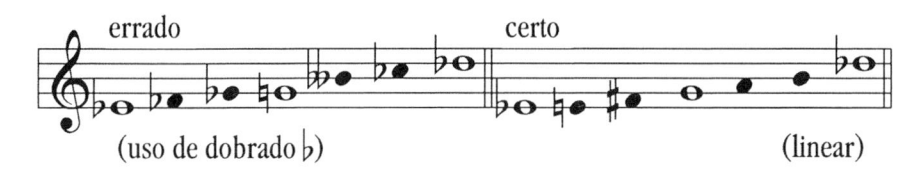

aceitável — (uso de dó♭ e fá♭, mas linear)   certo — (linear)

E♭7 (alt)

errado — (uso de dobrado ♭)   certo — (linear)

b. a enarmonização na escala diminuta é livre, para criar linearidade (observando não enarmonizar notas alteradas pela armadura, ou seja, usar o maior número possível de notas diatônicas ao tom):

F° (sim)

correto   mais fácil de ler

Observe a elaboração destas escalas, conforme as normas estabelecidas:

(deixar este pentagrama livre)

E m7 dor   F 7 alt   E 7 lid ♭7

IVm7   VI7   ♭II7

(deixar este pentagrama livre)

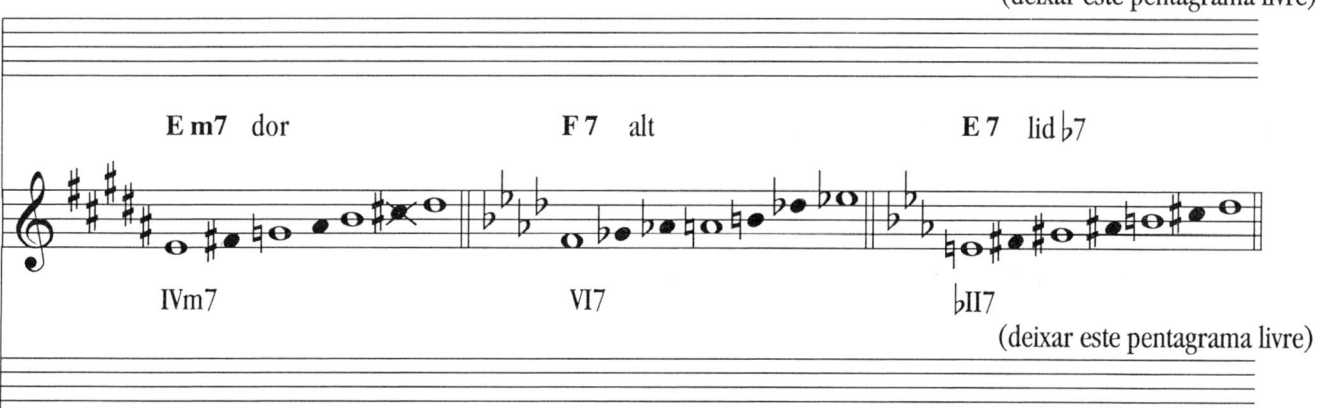

Os itens **4** e **5** também são aplicados à notação de acordes em PHs e à notação linear das vozes.

Exercício 26 Elabore as escalas de acorde relativas às cifras, dada a tonalidade (sempre maior) pela armadura. Siga as normas estabelecidas nas páginas 46 e 47:

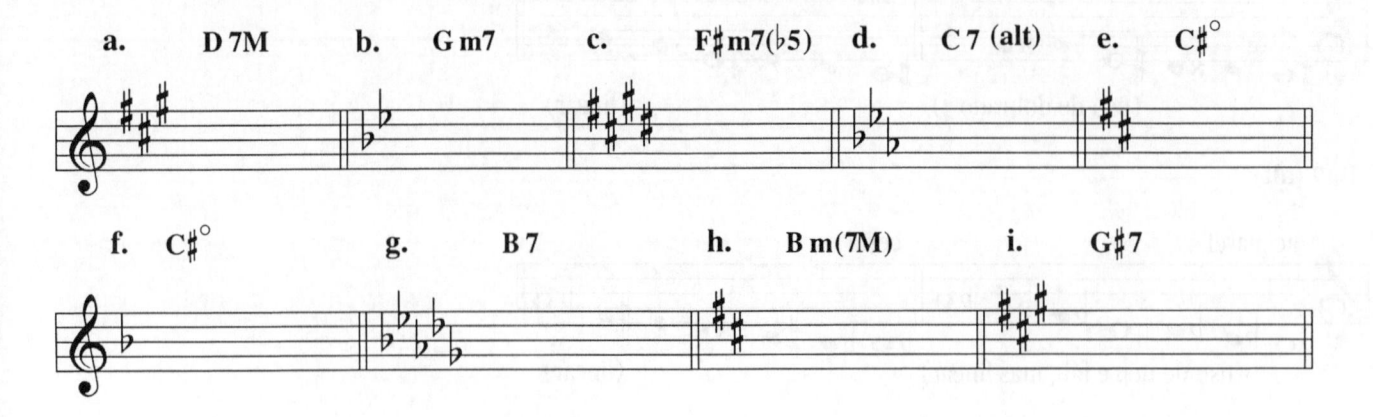

a. D 7M   b. G m7   c. F♯m7(♭5)   d. C 7 (alt)   e. C♯°

f. C♯°   g. B 7   h. B m(7M)   i. G♯7

■ **Dissonâncias primárias (DPs) em escalas de acorde**

Ao construir os acordes nos PHs, utilizamos as DPs (intervalos de 2m e 7M) oferecidas pela escala de acorde do momento, buscando riqueza de som.

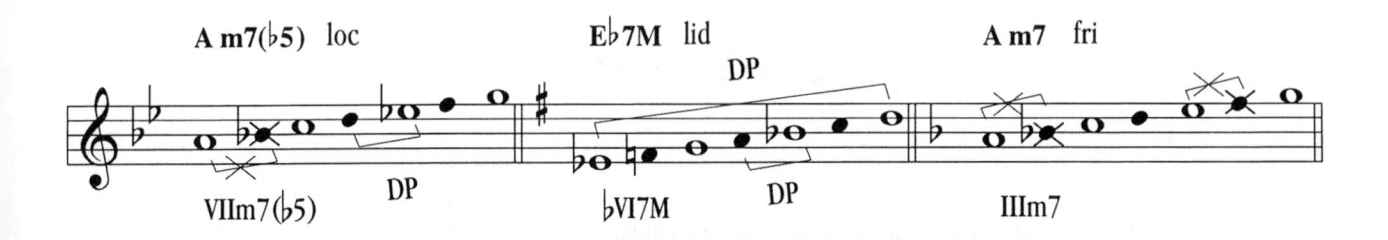

A m7(♭5) loc   E♭7M lid   A m7 fri
                    DP
VIIm7(♭5) DP   ♭VI7M   DP   IIIm7

As chaves simbolizam as DPs. Quando uma das notas que formam a DP é evitada (✗), a DP não será disponível e a chave é riscada. Na 1ª escala (acima) há uma DP disponível, na 2ª escala duas, na 3ª nenhuma.

Exercício 27 Marque as DPs, disponíveis e indisponíveis, nas escalas de acorde do exercício 26.

Estrutura e montagem do acorde com riqueza intervalar (RI)

1 As *notas* da estrutura são fornecidas pela escala de acorde do momento. Não use notas "evitadas".

2 A *riqueza* da estrutura vem de seu tamanho (quanto maior, mais rico) e do número de DPs nela encontradas. Observe ainda: quanto mais grave a colocação da DP, maior sua riqueza.

3 *Tamanho* da estrutura é a distância entre as vozes extremas. Curva melódica sugere tamanho; nota melódica aguda gera estrutura grande (última voz grave); melodia grave gera estrutura pequena (última voz aguda), devido ao movimento contrário desejável entre as vozes extremas:

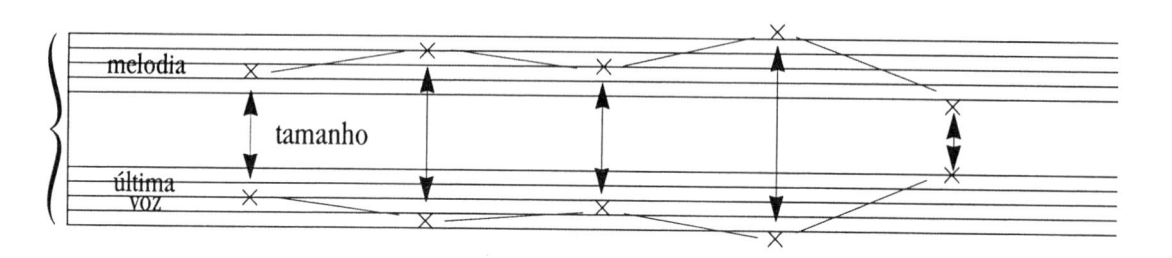

4 *Forma* (perfil) da estrutura:

  a. Não use intervalo de segunda, menor ou maior, entre 1ª e 2ª voz, exceto segunda maior, em posição supercerrada ou efeitos percussivos. (A cinco vozes, tamanho máximo da supercerrada é 7M; ao evitar o intervalo de segunda entre 1ª e 2ª voz, soará ainda mais "cerrada".)
  b. Não use trítono entre 1ª e 2ª voz: seria de entoação difícil.
  c. Não exceder de 6M (e de preferência 5J) entre vozes adjacentes, exceto entre as duas vozes inferiores, onde a distância é livre. Evite "buraco" ou falta de relativa simetria na estrutura, exceto entre as duas vozes inferiores.
  d. Onde houver intervalo de segunda (menor ou maior) entre duas vozes, os intervalos adjacentes, acima e abaixo, não devem passar de trítono, exceto se o intervalo adjacente abaixo estiver entre as duas vozes inferiores. Assim, a dissonância de segunda não será óbvia demais. (Quanto mais abrir as vozes adjacentes, mais óbvia e indesejável a dissonância.)

5 *Compatibilidade* entre as notas da estrutura:

  a. Não use 9m vertical entre quaisquer duas vozes (separadas por qualquer número de oitavas), adjacentes ou não, exceto entre

  $\flat 9/1$ em acorde dom7

  $1/7$ em acorde 7M

  $\flat 5/T11$ em acorde m7($\flat$5) salvo se $\flat$5 for melodia.

  b. Não use 5 e $\flat$5 na mesma estrutura ($\flat$5 e $\sharp$11 nesta técnica são sinônimos), exceto em lídio:

  lid ⟶ $\flat$5 5 certo
  lid $\flat$7 ⟶ $\flat$5 5 errado; $\flat$5 ̶5̶ certo; ̶$\flat$5̶ 5 certo
  qualquer outro ⟶ $\flat$5 5 errado

c. Não use 5 e ♯5 na mesma estrutura (♯5 ♭6 ♭13 são sinônimos), exceto em Im e IIIm (♭6 nestes acordes pode ser imposta pela nota melódica ou cifra):

Im ➤ 5 ♯5 certo

IIIm ➤ 5 ♯5 certo

dom7(♭13) ➤ 5 ♯5 errado; 5 ~~♯5~~ certo; ~~5~~ ♯5 certo

qualquer outro ➤ 5 ♯5 errado

d. O uso simultâneo de ♭5 e 5 ou de 5 e ♯5, mesmo quando permitido, pode levar a 9m vertical evitada; neste caso 9m deve ser invertida para obter 7M ou reduzida para 2m:

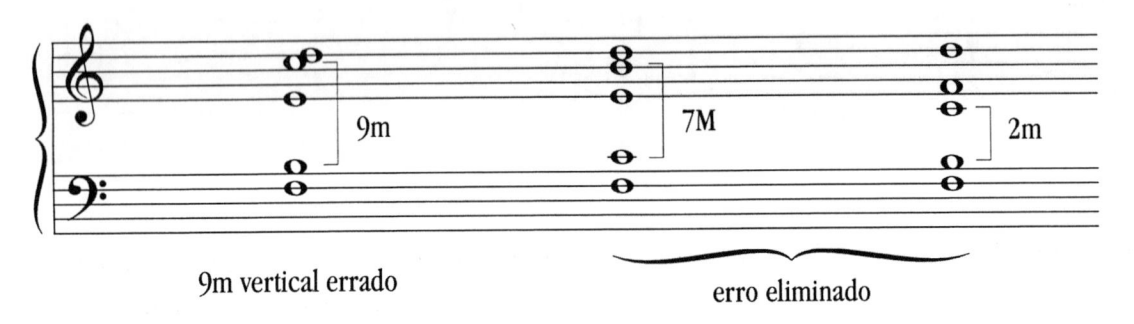

F7M ➤ permitido ♭5 e 5 (si e dó)

9m vertical errado — erro eliminado

Observação: insistir nessas duas notas pode ser importante para gerar DP.

6 *Limite de intervalo grave* (LIG).

a. Tabela especial de LIG para essa técnica:

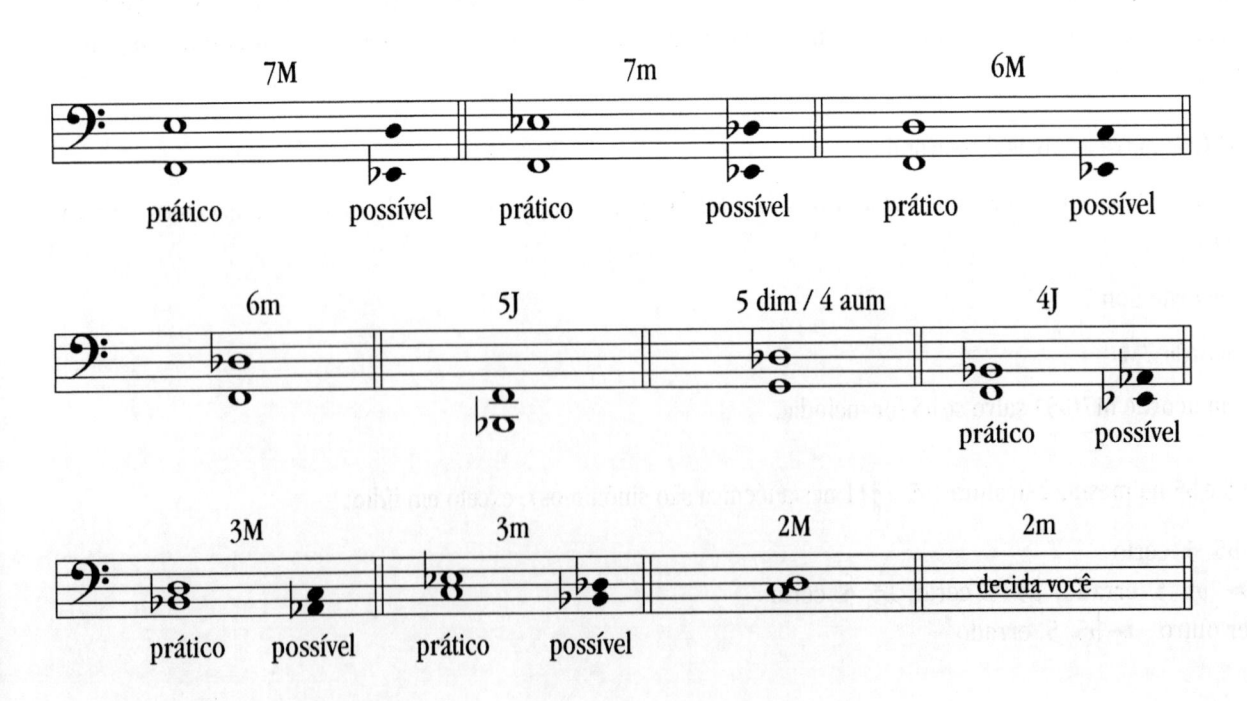

7M — prático, possível
7m — prático, possível
6M — prático, possível
6m
5J
5 dim / 4 aum
4J — prático, possível
3M — prático, possível
3m — prático, possível
2M
2m — decida você

b. LIG deve ser observado entre quaisquer vozes.

c. Quando a última voz não for fundamental do acorde, LIG deve ser observado entre ela e a fundamental "assumida", para evitar som de outro acorde:

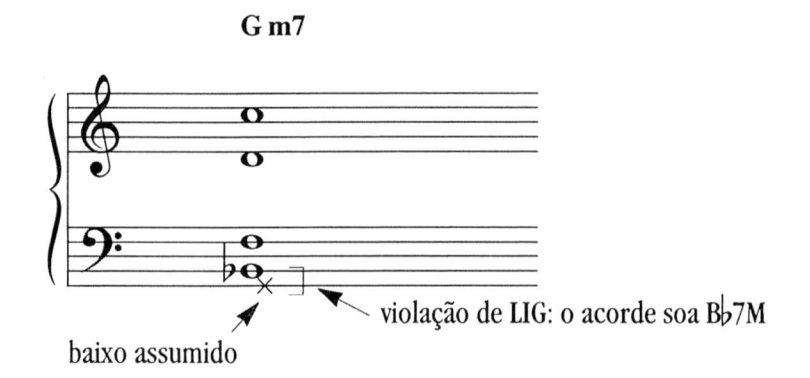

[Exemplo musical: G m7 — baixo assumido; violação de LIG: o acorde soa B♭7M]

d. Quando ♭5 em acorde dom7 estiver disponível na escala, ♭5 pode ocupar a última voz sem restrição de LIG: trata-se do acorde substituto do dom7 original:

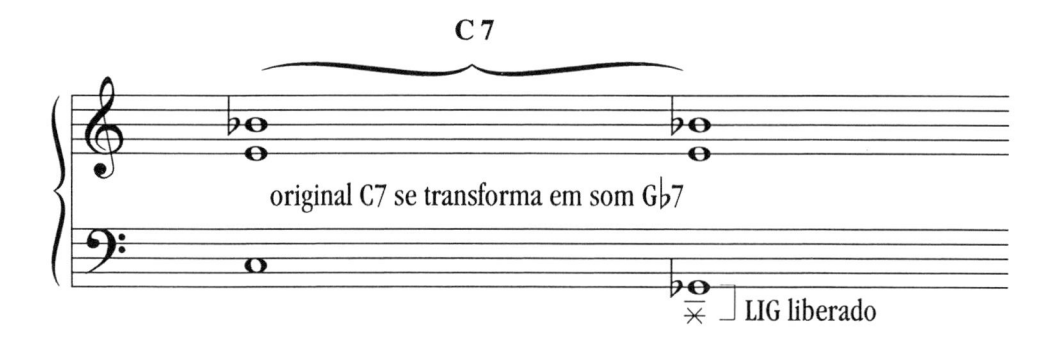

[Exemplo musical: C7 — original C7 se transforma em som G♭7; LIG liberado]

e. T11 em acorde m7 não-tônica ou m7(♭5) pode ocupar a última voz sem restrição de LIG: trata-se da transformação de m7 em sus4 (^{7}4):

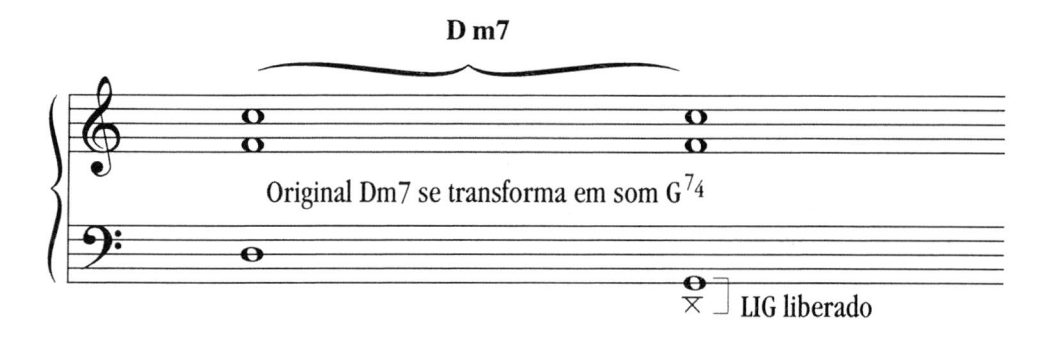

[Exemplo musical: D m7 — Original Dm7 se transforma em som G^{7}4; LIG liberado]

7 As 3 ou 4 vozes mais graves da estrutura não devem produzir um som básico de outro acorde de função diferente da original:

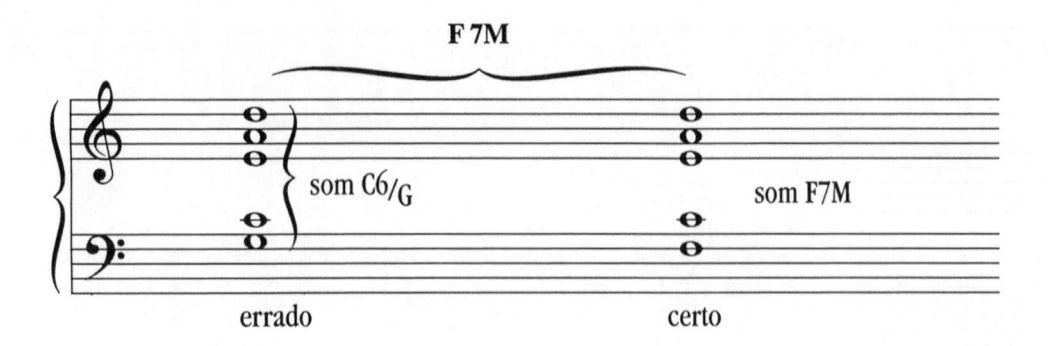

(exemplo musical: F 7M — som C6/G "errado"; som F7M "certo")

Programa de montagem

Sejam as notas melódicas e respectivas cifras, nos PHs já escolhidos de um trecho imaginário, as seguintes:

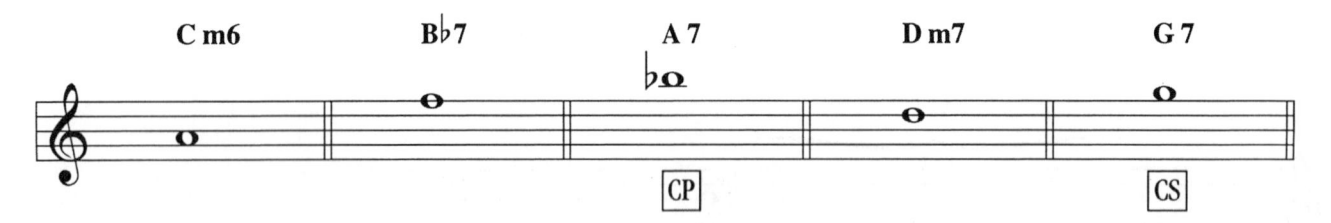

(exemplo musical: C m6 | B♭7 | A 7 [CP] | D m7 | G 7 [CS])

CP e CS são definidos no ato da escolha dos PHs.

1º passo Escolher e elaborar a escala de cada acorde, para pesquisa de notas e DPs disponíveis:

(exemplo musical: C m6 mel | B♭7 lid♭7 | A 7 alt | D m7 fri | G 7 mix)

2º passo Colocar a última voz, para a definição dos tamanhos, em todos os PHs do trecho. Planeja-se tamanho máximo, grande, médio ou pequeno (supercerrado), conforme se tratar de CP, CS ou PH comum. Os tamanhos também refletem, aproximadamente, a curva da melodia em movimento contrário (melodia aguda com última voz grave, dá tamanho grande; melodia grave com última voz aguda dá tamanho pequeno). Em busca do tamanho grande, usa-se o próprio baixo do acorde na última voz. Se isso não resultar bastante grande, escolher outra nota mais grave que não leve à violação de LIG com baixo assumido.

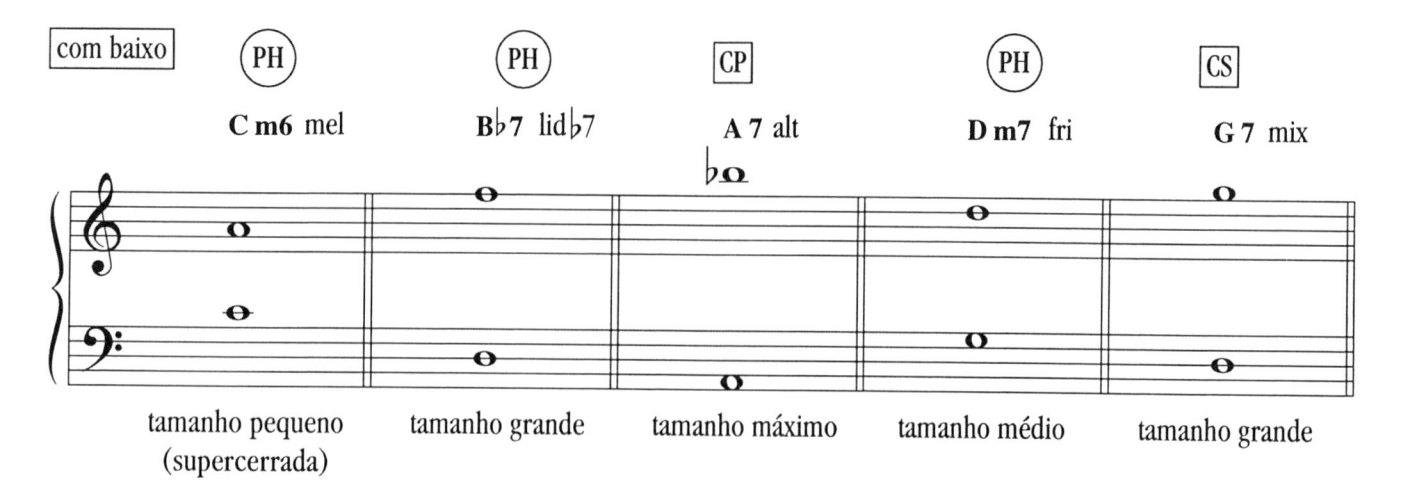

| com baixo | (PH) | (PH) | [CP] | (PH) | [CS] |

C m6 mel   B♭7 lid♭7   A 7 alt   D m7 fri   G 7 mix

tamanho pequeno   tamanho grande   tamanho máximo   tamanho médio   tamanho grande
(supercerrada)

3º passo Vamos realizar os acordes a 5 vozes. Seqüência:

a. completar a estrutura do CP (número máximo de DPs)
b. completar a estrutura do CS (número inferior ou igual de DPs ao número encontrado no CP)
c. completar as estruturas dos PHs comuns (número inferior ou igual de DPs ao número encontrado no CS)

Comece por colocar, em cada estrutura, as notas (oferecidas pelas respectivas escalas) que produzem DPs, deixando espaço para as notas que ainda faltam para completar as 5 vozes. As DPs devem ser montadas no sentido grave-agudo e assinaladas com colchete vertical.

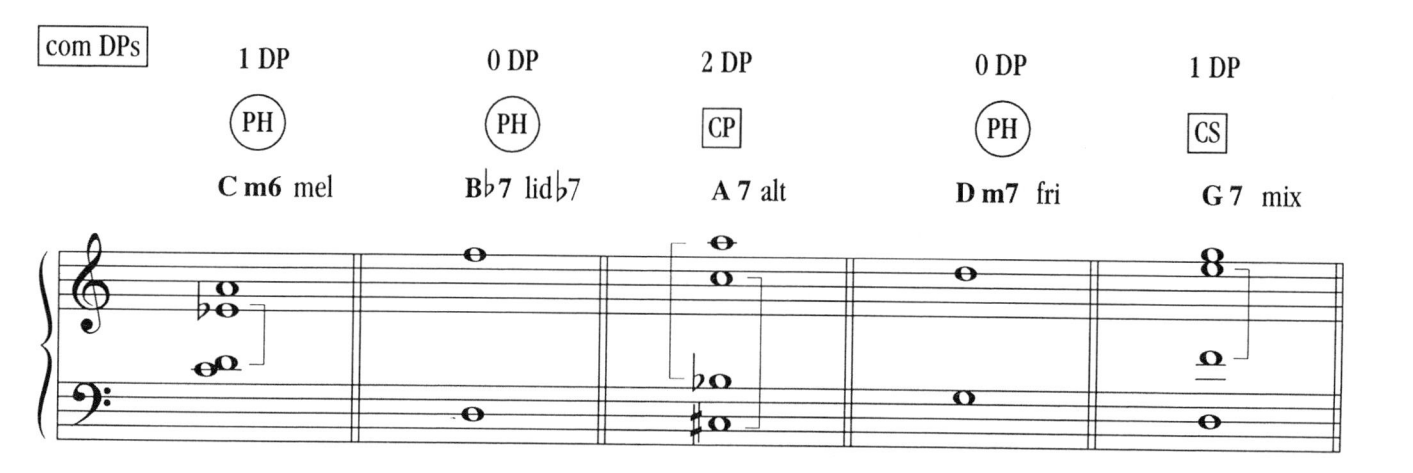

| com DPs | 1 DP | 0 DP | 2 DP | 0 DP | 1 DP |
| | (PH) | (PH) | [CP] | (PH) | [CS] |

C m6 mel   B♭7 lid♭7   A 7 alt   D m7 fri   G 7 mix

Para terminar, escolha o restante das notas para completar 5 vozes. A seleção das notas, extraídas da escala de acorde, deve visar à relação intervalar com as demais notas da estrutura, adjacentes ou não.
Critérios: simetria no perfil, e relativa riqueza ou brandura desejada nos intervalos produzidos. Trabalhe no sentido agudo-grave. Observe as regras estruturais (páginas 49 à 52).

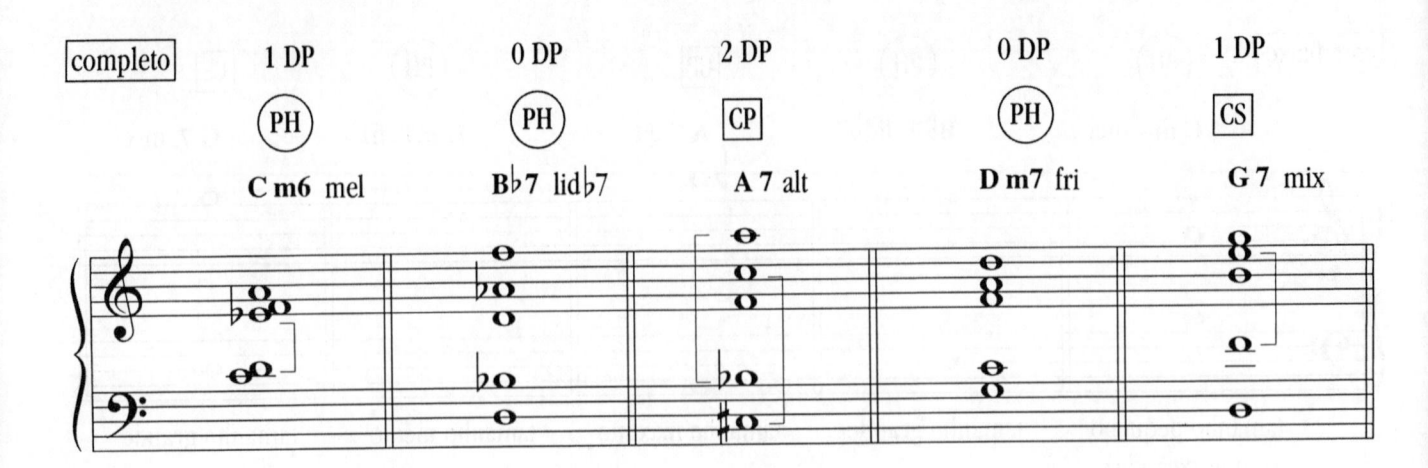

completo	1 DP	0 DP	2 DP	0 DP	1 DP
	(PH)	(PH)	[CP]	(PH)	[CS]
	C m6 mel	B♭7 lid♭7	A 7 alt	D m7 fri	G 7 mix

- Treino técnico

Em cada exemplo e exercício a seguir, elaborados a 5 vozes, já foram dados: a nota melódica, cifra, nome da escala de acorde, tamanho desejado, número de DPs desejado. A elaboração foi posterior, a partir desses dados.

Exercício 28

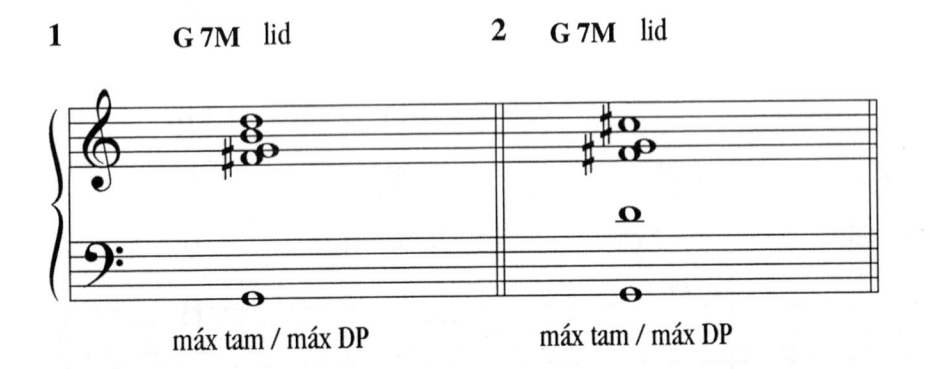

1   G 7M lid   2   G 7M lid

máx tam / máx DP   máx tam / máx DP

a. Em que tons, maiores e menores, poderia ocorrer G7M lídio? (Escreva as respectivas análises.)
b. Escreva a escala de acorde. (Não deixe de assinalar eventuais notas evitadas ✗ , DPs disponíveis ⌐⌐ e indisponíveis ⌐✗⌐ .)
c. Assinale as DPs em ambas as estruturas.
d. Qual condição permite ter mais DPs na estrutura **2**?
e. **dó♯** e **ré** poderiam, em princípio, aparecer na mesma estrutura?
f. Poderiam ambas formar ♭9 entre si?
g. **fá♯** e **sol** poderiam formar ♭9 entre si?
h. Por que a estrutura **1** não inclui **dó♯** para formar mais uma DP?

i. Por que a estrutura **1** não funcionaria com mais DPs, assim?

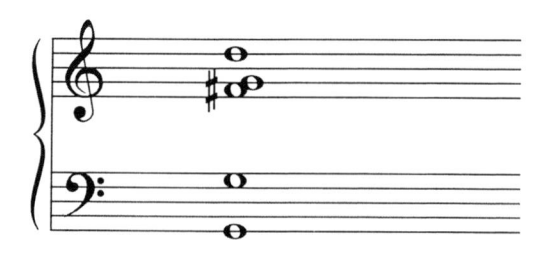

j. Por que na estrutura **1** é permitido intervalo mais de trítono adjacente ao intervalo de 2ª abaixo?

Exercício 29

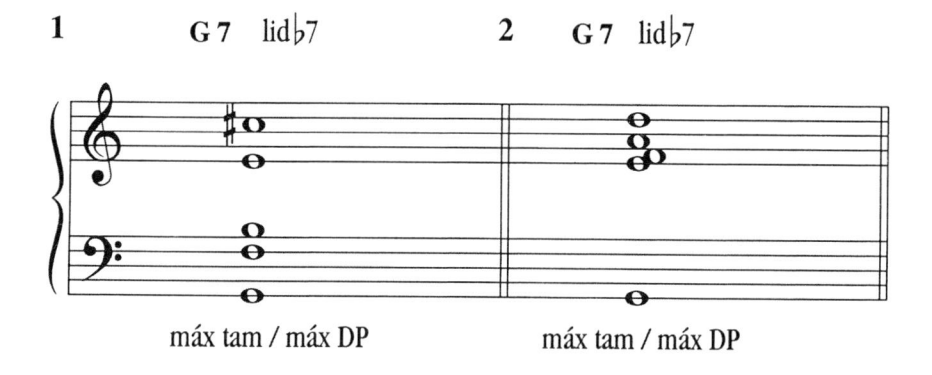

1 G 7 lid♭7   **2** G 7 lid♭7

máx tam / máx DP   máx tam / máx DP

a. Em que tons, maiores e menores, poderia ocorrer G7 lid♭7?
b. Escreva a escala do acorde, assinalando as DPs disponíveis e indisponíveis.
c. Assinale as DPs em ambas as estruturas.
d. dó♯ e ré poderiam, em princípio, aparecer na mesma estrutura?
e. mi e fá poderiam formar ♭9 entre si?
f. Por que a estrutura **1** não funcionaria com mais DPs, assim?

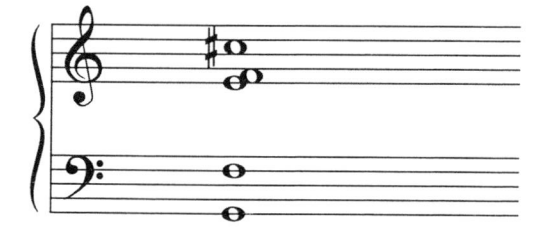

g. Se melodia fosse **mi**, **fá** seria disponível na mesma estrutura?
h. Se melodia fosse **fá**, **mi** seria disponível na mesma estrutura? Por quê?
i. Usando o som extremo grave do sax barítono ou trombone baixo, qual das duas estruturas poderíamos aumentar ainda mais o tamanho? Diga por quê.
j. Construa esse acorde com máx. DP.

Exercício 30 Construa as estruturas:

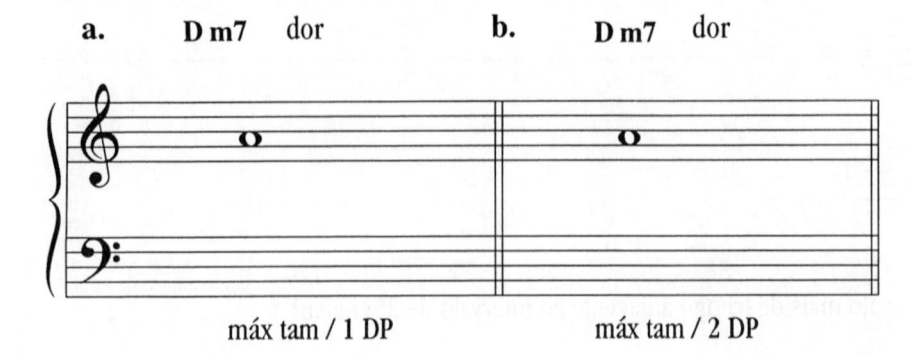

a. **D m7** dor   b. **D m7** dor

máx tam / 1 DP   máx tam / 2 DP

Exercício 31 Construa as estruturas:

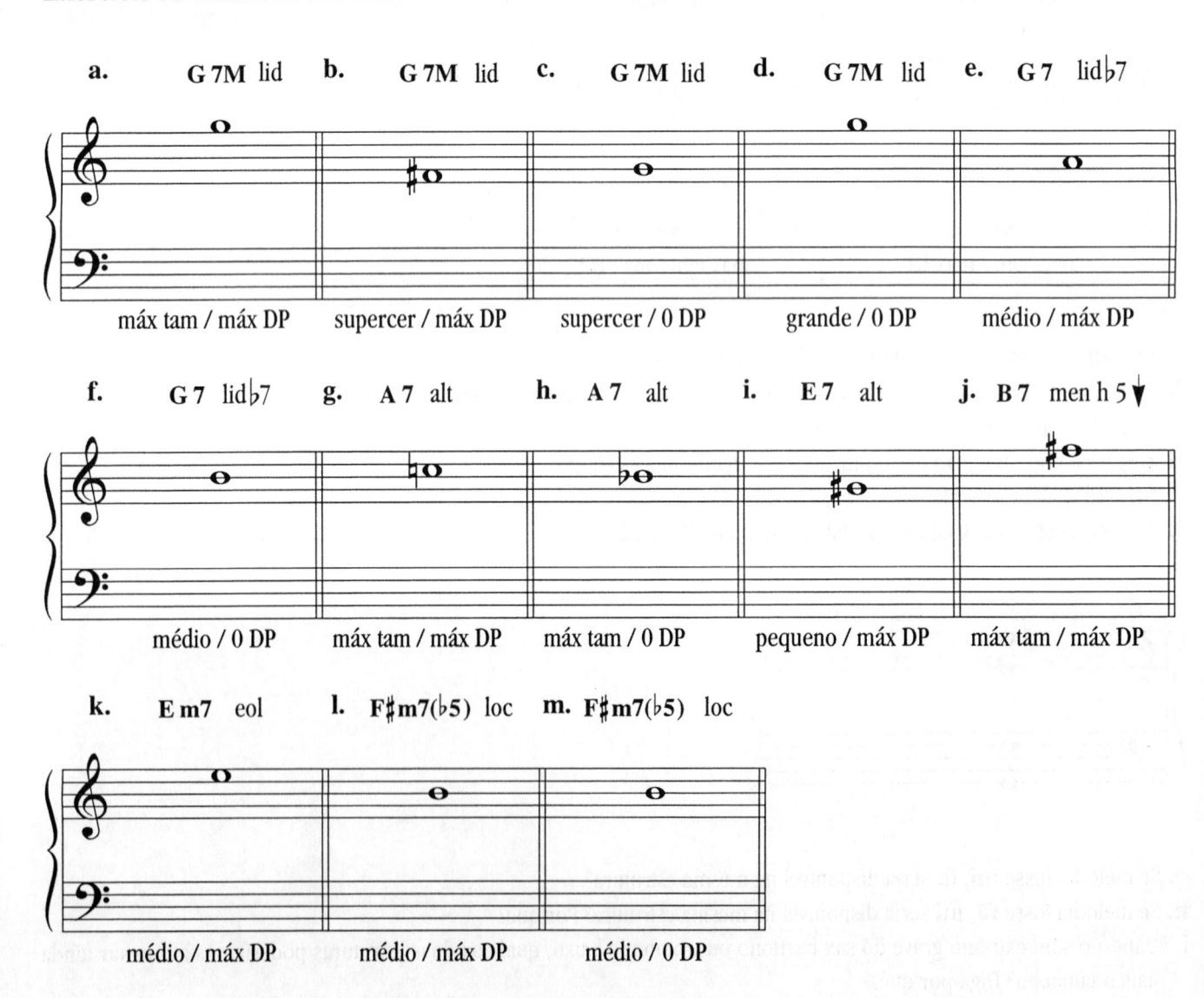

a. **G 7M** lid   b. **G 7M** lid   c. **G 7M** lid   d. **G 7M** lid   e. **G 7** lid♭7

máx tam / máx DP   supercer / máx DP   supercer / 0 DP   grande / 0 DP   médio / máx DP

f. **G 7** lid♭7   g. **A 7** alt   h. **A 7** alt   i. **E 7** alt   j. **B 7** men h 5 ▼

médio / 0 DP   máx tam / máx DP   máx tam / 0 DP   pequeno / máx DP   máx tam / máx DP

k. **E m7** eol   l. **F♯m7(♭5)** loc   m. **F♯m7(♭5)** loc

médio / máx DP   médio / máx DP   médio / 0 DP

3 | Estrutura "tríade estranha" (△E) à escala de acorde, com baixo da escala

- Emprego

1 Em forma isolada nos PHs da técnica linear, onde não há suficiente dissonância por falta de número de DPs. Seu som é extremamente rico. A riqueza vem da relação intervalar entre as notas da tríade e o baixo, e da estranheza de tríade feita de notas fora da escala.
2 Em forma consecutiva como técnica em bloco (não restritamente linear, salvo a linha do baixo). Som fortemente dissonante e estranho, e funciona especialmente no ponto culminante do arranjo e por tempo limitado. Até mesmo uma melodia simples, diatônica com notas adjacentes e harmonia "sem novidades" ganha riqueza incomparável.
3 Melodias pouco movimentadas.
4 Quando há nota evitada da melodia.

- Estrutura e montagem do acorde △E

Consta de uma tríade maior ou menor em posição cerrada, feita de nota(s) estranha(s) à escala de acorde, sobre baixo diatônico à escala. (Não confundir com TES, feita de nota(s) de tensão sobre som básico de acorde.) É ideal a 4 ou 5 vozes. A 4 vozes: tríade mais baixo. A 5 vozes: dobramento 8↓ da melodia. (O contrabaixo pode reforçar o baixo do naipe; os demais instrumentos harmônicos não participam, ou então trabalham em uníssono com vozes do naipe.)

A montagem começa pelo *baixo* do acorde:

– escolha qualquer nota da escala de acorde do momento; não há nota evitada
– não há limite inferior grave (LIG) nem restrição de ♭9 com outra voz
– quanto mais grave o baixo mais rico o som, afastado da tríade por 4J no mínimo
– evite dobrar a melodia ou a nota 5J abaixo, em qualquer oitava, para que a posição não resulte em som de acorde comum
– em trecho de △Es *consecutivas*, escreva um contracanto melodioso e grave para a última voz (voz do baixo), com as características dos itens anteriores aplicadas a cada nota, em movimento predominantemente contrário à melodia.

Em seguida, *construa a tríade*:

– escreva as cifras das tríades maiores e menores onde a nota da melodia é 1, 3 ou 5 (haverá seis)
– através de eliminação, selecione as tríades **a.** com o maior número de notas estranhas à escala de acorde **b.** que não incluam a nota do baixo **c.** que não formem *som de tétrade* comum quando combinadas com o baixo, posição fundamental ou invertida, observando:

Som de tétrade comum (a evitar)

1 1, 3, 5, 7 ou 1, 3, 5, 6 invertido ou não, numa posição comum:

2 tríade que combinada com o baixo forma acorde comum a 5 partes (tétrade com 9ª) sem a 3ª:

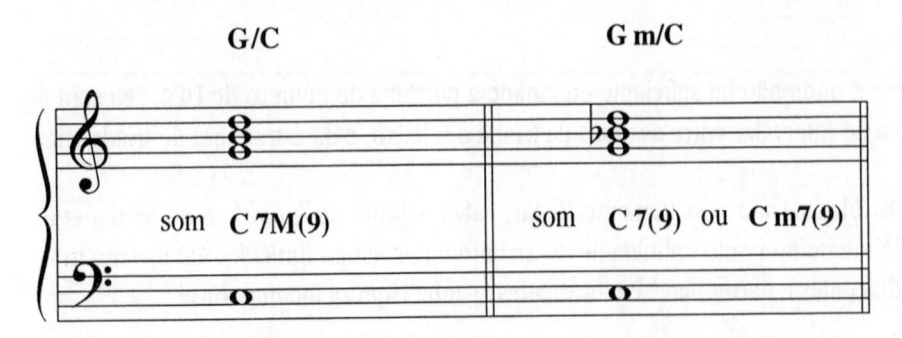

G/C — som C 7M(9)

G m/C — som C 7(9) ou C m7(9)

(neste caso, a 3ª é assumida pelo ouvido e se dá o efeito de som comum)

Som incomum (próprio para △E):

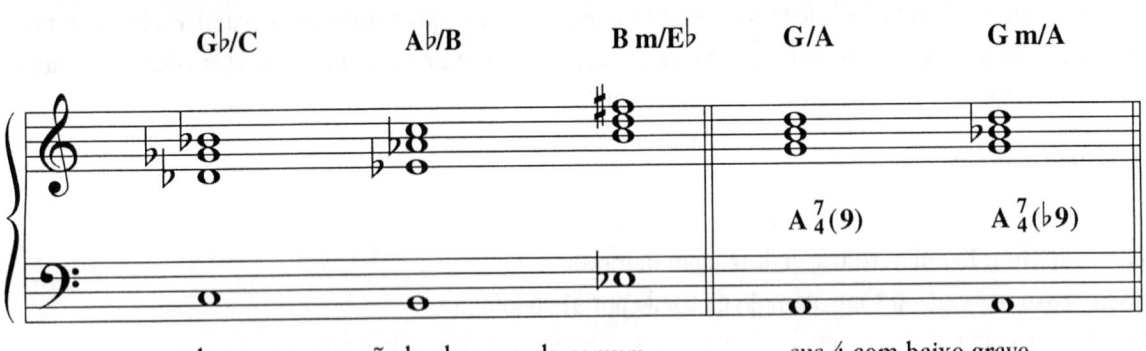

G♭/C, A♭/B, B m/E♭ — qualquer som que não lembre acorde comum

G/A = A $^7_4$(9), G m/A = A $^7_4$(♭9) — sus 4 com baixo grave

F m/E = F m(7M), A/F = F 7M(♯5) — tétrade rara com baixo supergrave, inversão ou não

C/F = F 7M(9) — tétrade com 9ª sem 3ª com baixo supergrave

— escreva a tríade selecionada em posição cerrada, sobre a nota do baixo

— em caso de △Es consecutivas, elimine as tríades que apresentem nota comum com a tríade anterior e posterior (a idéia é movimentar todas as vozes)

— em △E isolada, o instrumento harmônico executa a cifra específica do momento (por ex.: A♭/B). Em △Es consecutivas é preferível o instrumento harmônico não participar, exceto o baixo.

- Treino técnico

Seja a melodia cifrada

C 7M　　　　　　　　　　　**D m7**　　　　　**G 7**

Executar em bloco a 4 vozes, na técnica de tríades estranhas (△E) consecutivas.

Elaboração, dividida em etapas:

1 escrever as escalas de acordes (sem notas evitadas), fonte para a linha do baixo e guia para evitar nas tríades:

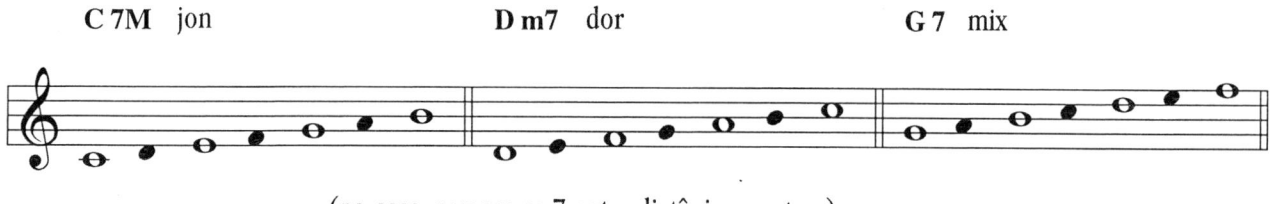

C 7M　jon　　　　　**D m7**　dor　　　　　**G 7**　mix

(no caso, sempre as 7 notas diatônicas ao tom)

2 fazer a linha do baixo:

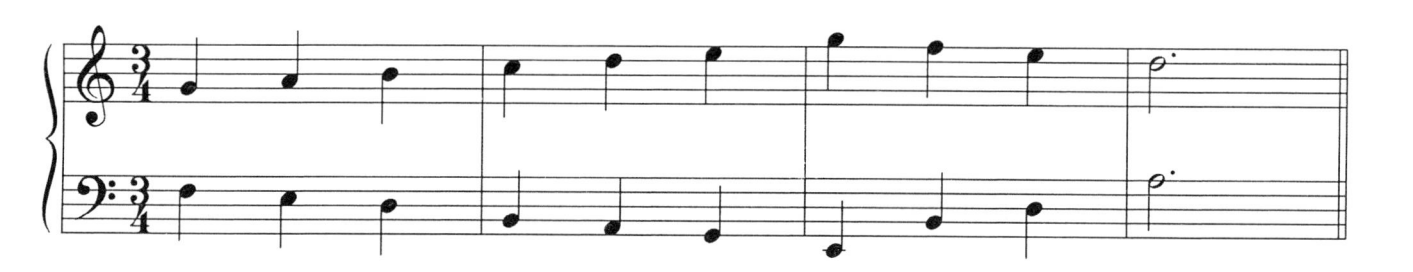

3 em cada nota melódica, cifrar as 3 tríades maiores e 3 tríades menores onde ela está incluída:

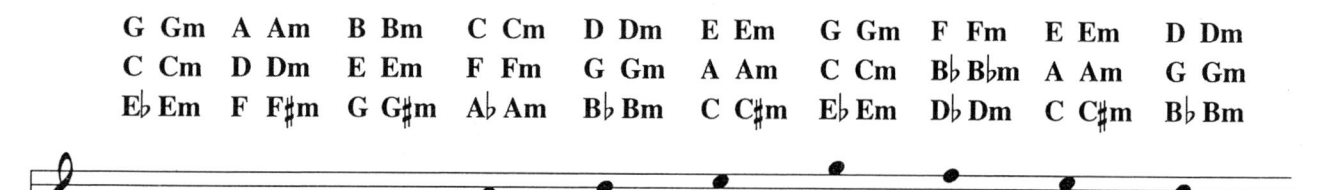

G Gm	A Am	B Bm	C Cm	D Dm	E Em	G Gm	F Fm	E Em	D Dm
C Cm	D Dm	E Em	F Fm	G Gm	A Am	C Cm	B♭ B♭m	A Am	G Gm
E♭ Em	F F♯m	G G♯m	A♭ Am	B♭ Bm	C C♯m	E♭ Em	D♭ Dm	C C♯m	B♭ Bm

63

4 eliminar as tríades que formariam, com o baixo, som de acorde comum:

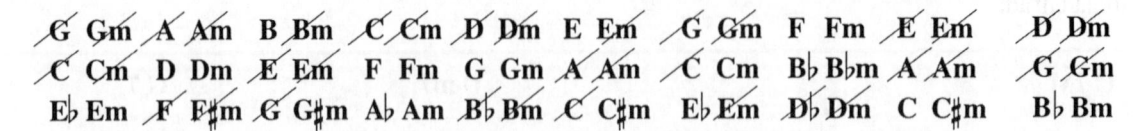

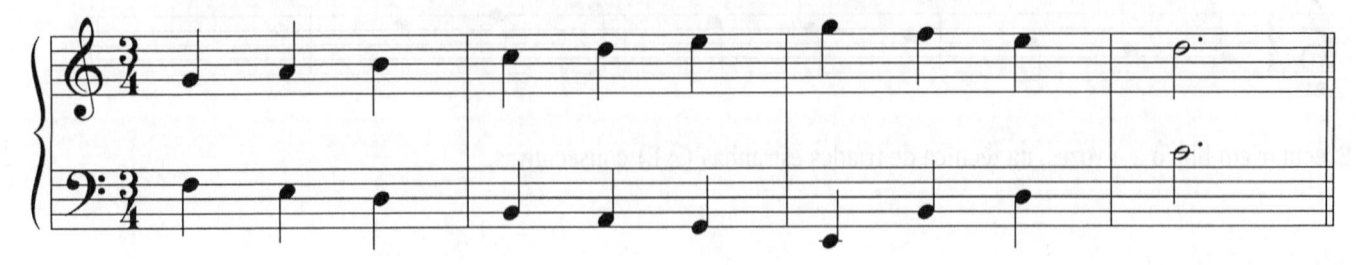

~~G~~ ~~Gm~~ A Am   B Bm   ~~C~~ ~~Cm~~ ~~D~~ ~~Dm~~ E Em   ~~G~~ ~~Gm~~ F Fm   E Em   ~~D~~ ~~Dm~~
~~C~~ ~~Cm~~ D Dm   ~~E~~ ~~Em~~ F Fm   G Gm A Am   ~~C~~ Cm   B♭ B♭m A Am   ~~G~~ ~~Gm~~
E♭ Em   ~~F~~ F♯m G G♯m   A♭ Am B♭ Bm C C♯m   E♭ Em   D♭ Dm C C♯m   B♭ Bm

5 entre as tríades restantes, escolher a melhor: **a.** que não resulta, com os acordes adjacentes, em nota repetida **b.** tem o maior número possível de notas estranhas à escala (pode não haver nenhuma):

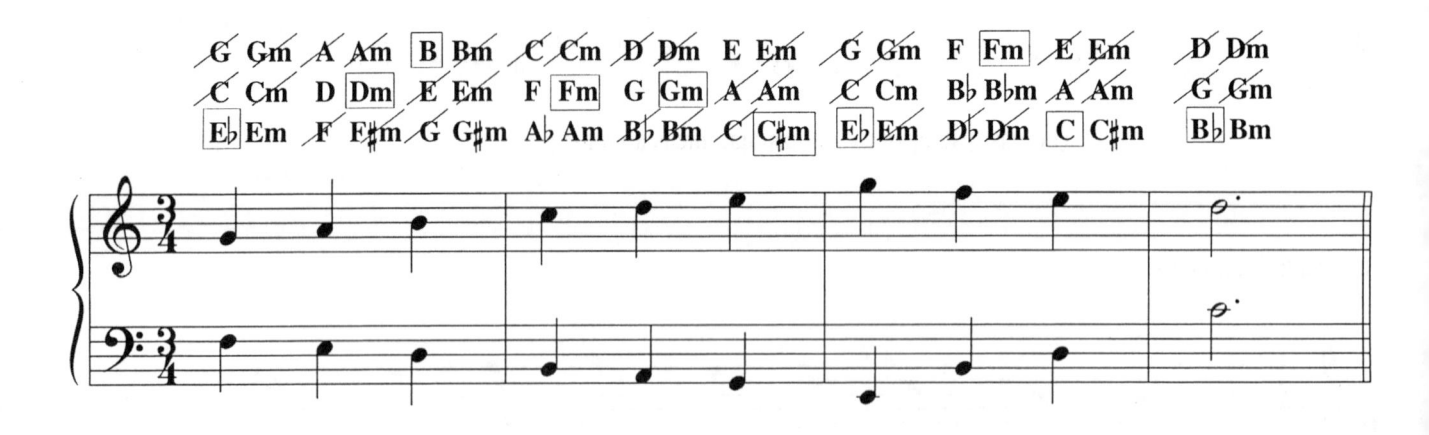

~~G~~ ~~Gm~~ A Am   [B] Bm   ~~C~~ ~~Cm~~ ~~D~~ ~~Dm~~ E Em   ~~G~~ ~~Gm~~ F [Fm]   E Em   ~~D~~ ~~Dm~~
~~C~~ ~~Cm~~ D [Dm]   ~~E~~ ~~Em~~ F [Fm]   G [Gm] A Am   ~~C~~ Cm   B♭ B♭m A Am   ~~G~~ ~~Gm~~
[E♭] Em   ~~F~~ F♯m ~~G~~ G♯m   A♭ Am B♭ Bm ~~C~~ [C♯m]   [E♭] Em   ~~D♭~~ ~~Dm~~ C [C♯m]   [B♭] Bm

6 as tríades são anotadas na pauta, em posição cerrada, com as respectivas cifras selecionadas:

faixa 60

E♭/F   D m/E B/D   F m/B G m/A C♯m/G   E♭/E   F m/B C/D   B♭/C

sopr/alt/ten

trbne

Exercício 32 Realize as △Es indicadas a 4 vozes, para servirem de PHs. Dados: melodia, cifra, escala de acorde; o baixo já escolhido. Use o processo de eliminação de tríades indicado na página 60.

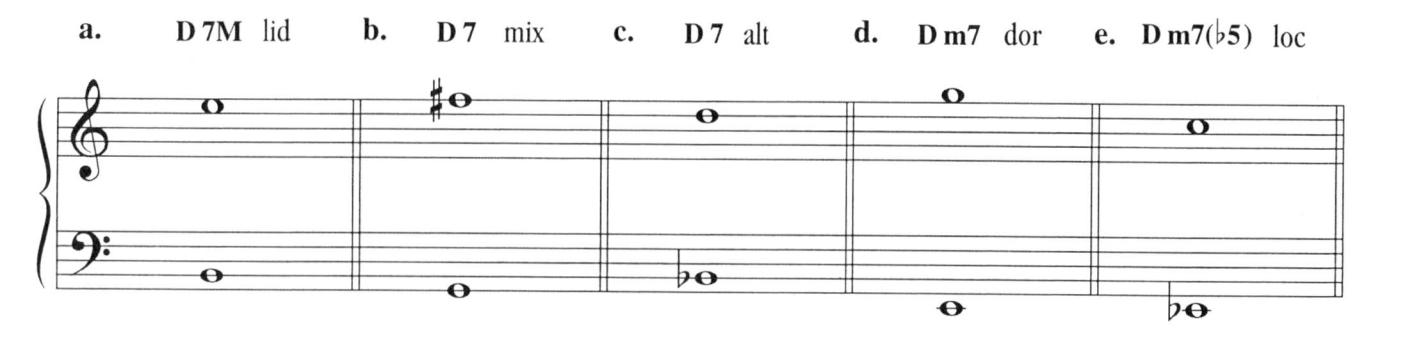

a. **D 7M** lid   b. **D 7** mix   c. **D 7** alt   d. **D m7** dor   e. **D m7(♭5)** loc

4 | Trecho realizado exclusivamente com PHs

Os acordes de som de escala com riqueza intervalar (RI) e de tríades estranhas (△E), idealizados por pontos harmônicos (PHs) isolados, podem ainda ser combinados e usados em seqüência como técnica em bloco. É de forte impacto, sendo reservado para o ponto culminante do arranjo. O melhor resultado é obtido onde há muita atividade harmônica (cada nota melódica é harmonizada com acorde diferente), com ataques rítmicos e acentuações, em naipe de instrumentos de bom ataque (como metais). CP e CS podem ser aplicados, com a respectiva hierarquia em tamanhos e dissonâncias vista no capítulo RI. △E é usada quando faltar riqueza em DPs. Deve ser empregada com economia, em trecho exclusivo e curto. A seção harmônica não participa no trecho, mas o baixo pode dobrar a última voz 8▼.

Exemplo Melodia e harmonia dadas:

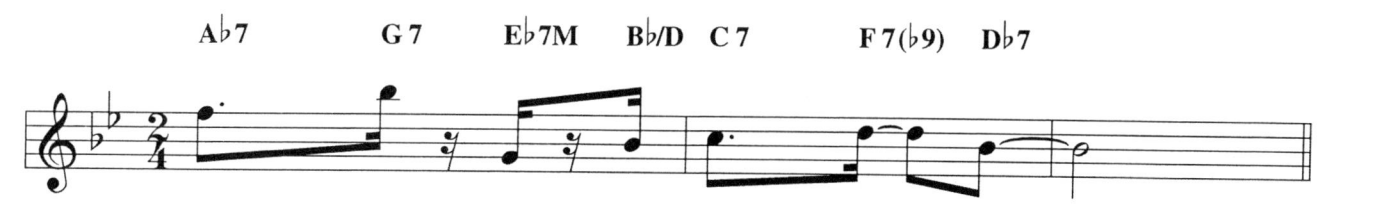

A♭7   G 7   E♭7M   B♭/D   C 7   F 7(♭9)   D♭7

1º passo Escolha das escalas de acordes, planejamento dos locais de CP e CS, respectivos tamanhos, números de DP e realização a 5 vozes:

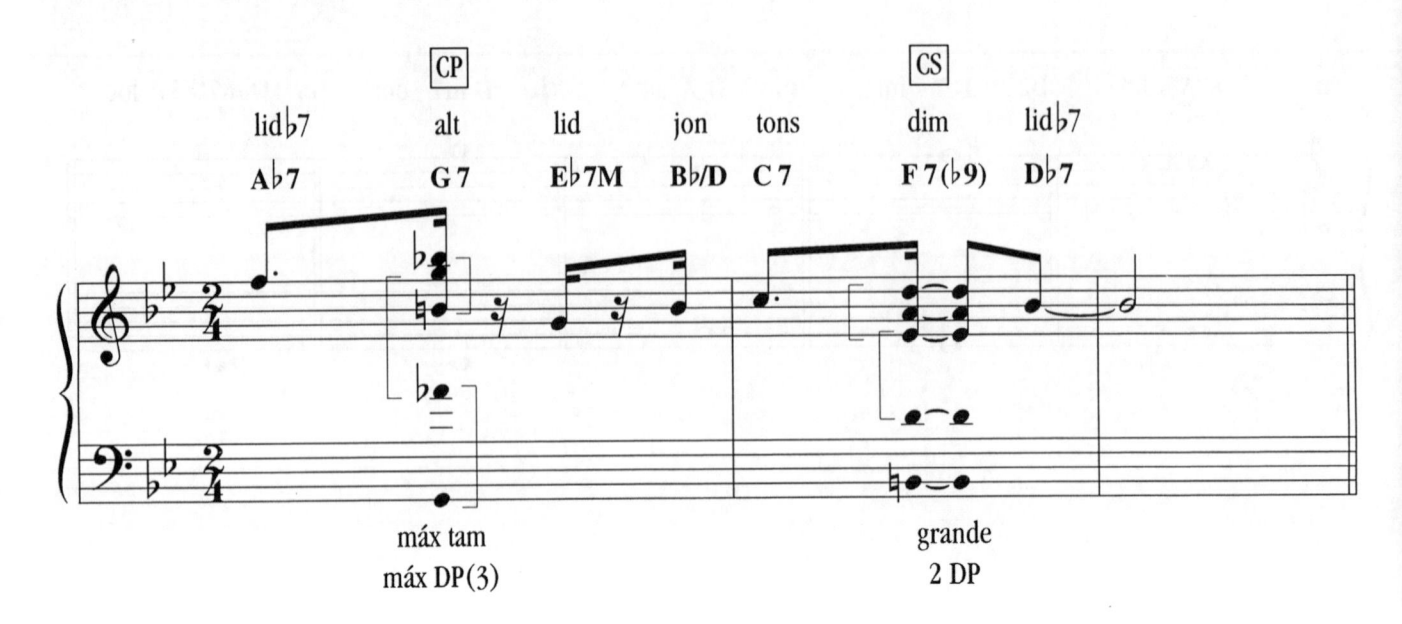

2º passo Escolha de tamanhos, números de DPs nos demais PHs e local de △Es. Realização da linha do baixo (em movimento contrário):

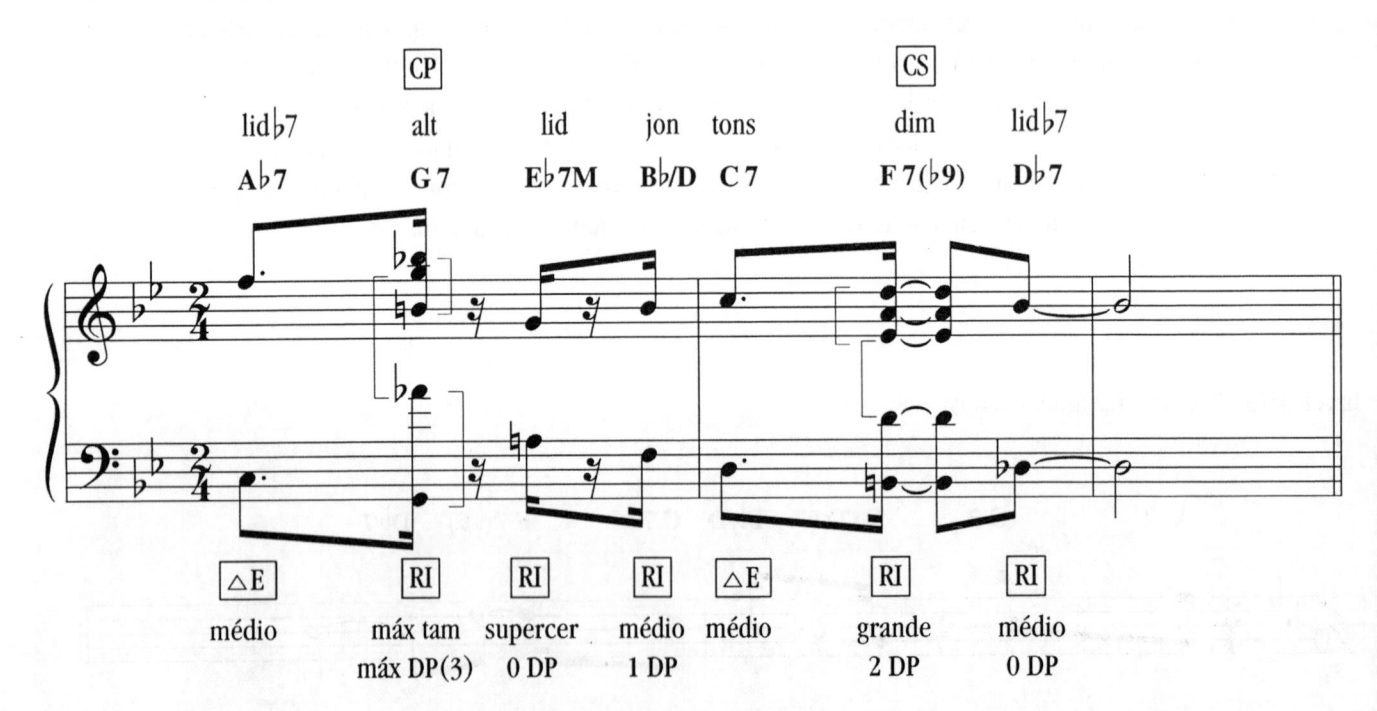

Neste caso, RI garantiu riqueza do CP e CS. △Es são usadas em locais de média riqueza/tamanho desejados.

3º passo Realização final:

faixa 61

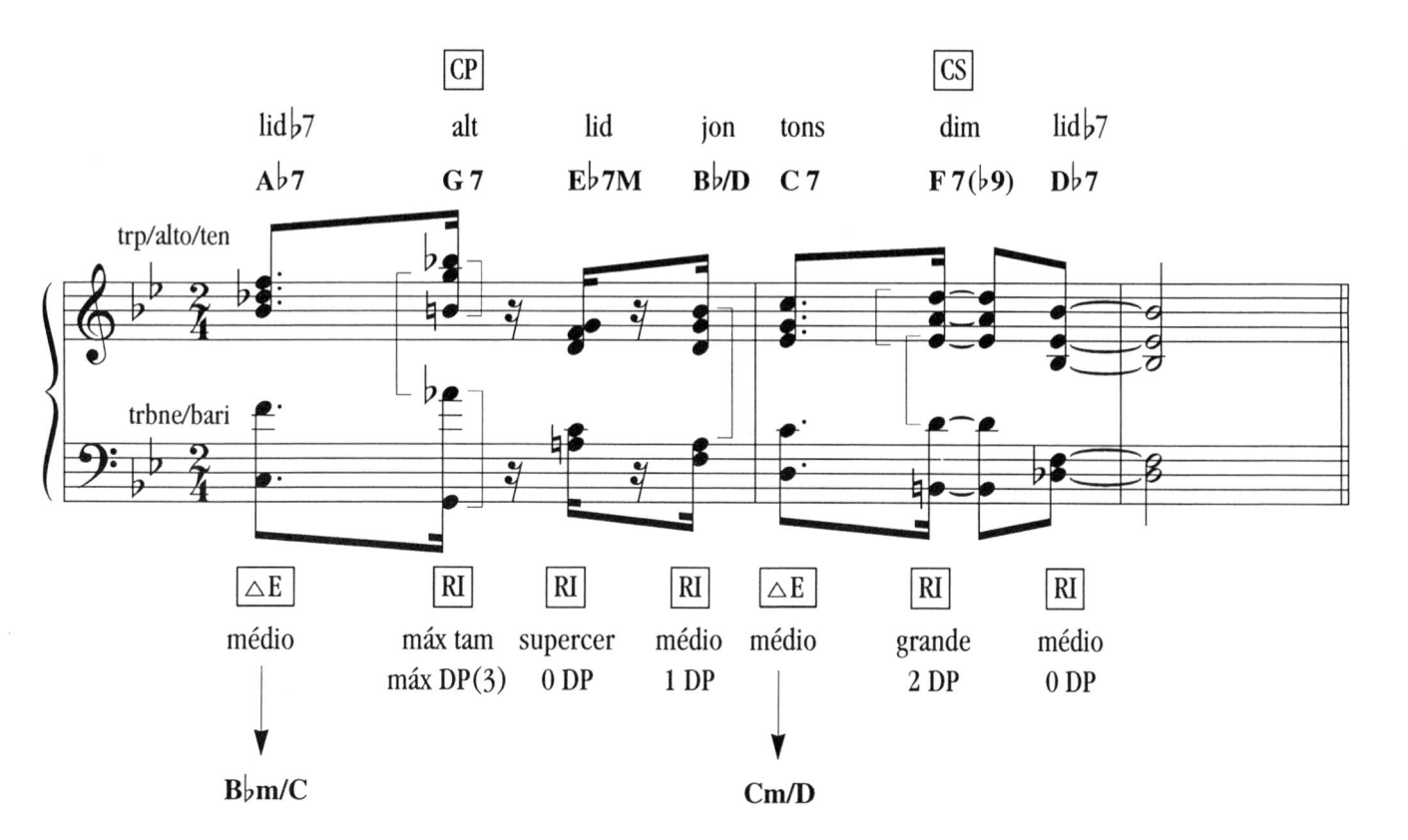

Nas △Es a melodia está dobrada 8⬇ para completar 5 vozes.

C ♦ LINHAS

1 Características

■ Falando em linha

1 Os critérios lineares conferem às vozes qualidades melódicas (horizontais) em contraste com os PHs que realçam e regulam a riqueza harmônica (vertical).
2 Cada voz é conduzida, de PH em PH, por baixo da melodia e na mesma divisão rítmica (em bloco).
3 As notas da linha são fornecidas pela escala de acorde disponível no momento. Não há nota evitada, nem limite de intervalo grave (LIG).

■ Alguns cuidados prévios com PHs

1 É desejável, na estrutura de PH, a boa distribuição de notas (salvo posição supercerrada) para obter intervalos similares entre si. O espaço entre vozes adjacentes permite a livre escolha entre a direção ascendente ou descendente das linhas, ao alcançar e deixar o PH.

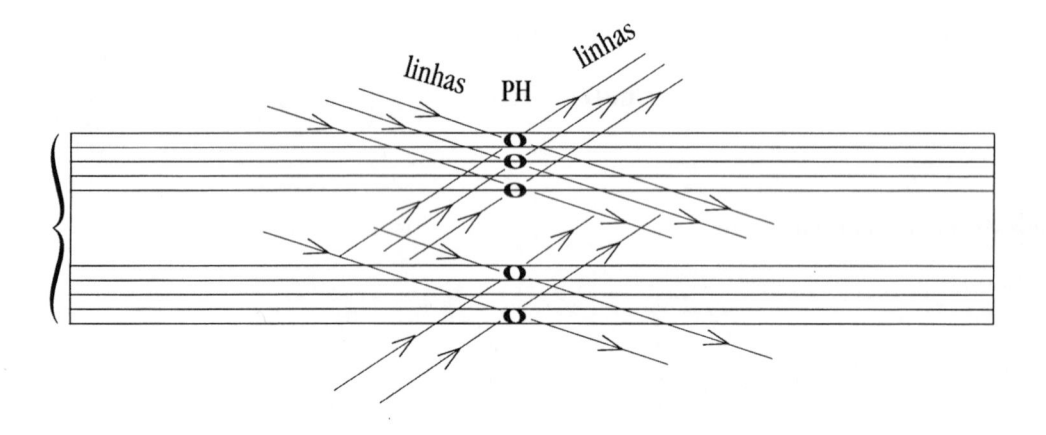

2 Ao usar DPs, prefira 7M ou 9m (cuidado, só 9m permitida!), evitando o semitom quando possível, para distanciar as vozes.

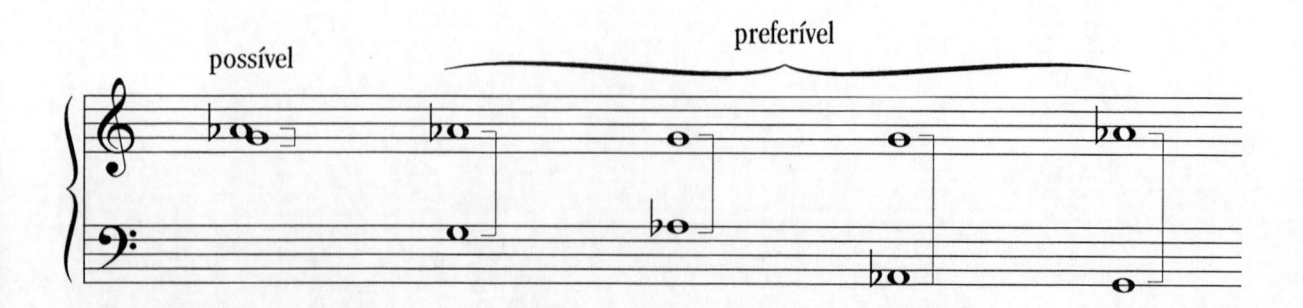

- Linearidade

1 Após construir os PHs (feitos de RIs e △Es), partimos para a condução das linhas.
2 De um modo geral, entre dois PHs de tamanho grande as linhas convergem (as vozes extremas se aproximam) e entre dois PHs pequenos as linhas divergem (as vozes extremas se afastam).

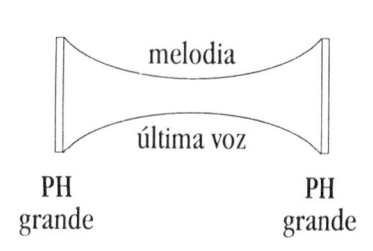

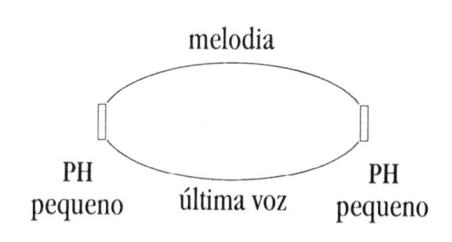

3 Pelo menos uma das vozes deve ser movida em sentido contrário às demais.
4 Com a melodia em movimento, as demais linhas também devem se movimentar (não repetir nota).
5 Os saltos em cada linha, exceto a mais grave, só podem ultrapassar por um tom os saltos da melodia, por duas razões: manter a soberania da melodia (saltos fazem com que as linhas apareçam mais) e não colocar obstáculos na execução instrumental, onde os saltos maiores levam mais tempo.
6 O dobramento em uníssono ou em oitavas é próprio à linguagem. *Deve* ser preparado e resolvido em movimento contrário. Se o dobramento persistir por várias notas, o movimento contrário deve ocorrer no início e no fim do trecho em uníssono. As notas dobradas devem ser colocadas entre parêntesis em ambas as vozes, para se lembrar da preparação/resolução.

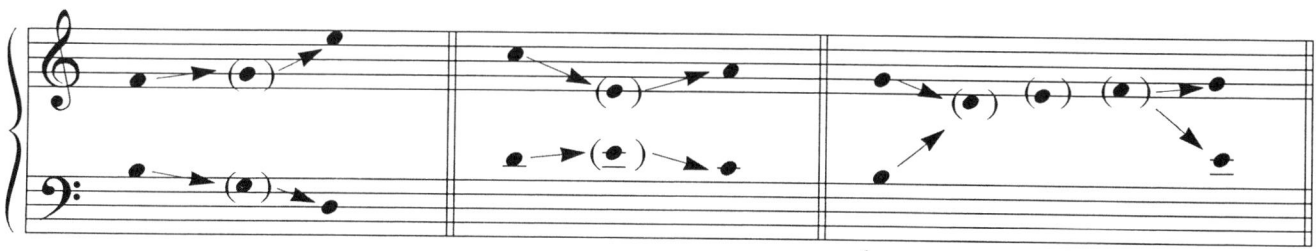

duas vozes em uníssono podem ser anotadas numa só nota; os parêntesis informam que são duas

7 A linha deve ser movida suavemente ao alcançar a primeira nota não-diatônica em relação a um contexto harmônico estabelecido.
8 As vozes podem e devem cruzar ao seguir, cada uma, o seu caminho linear. O cruzamento deve ser assinalado com ✕.

(**fá** não é repetida)

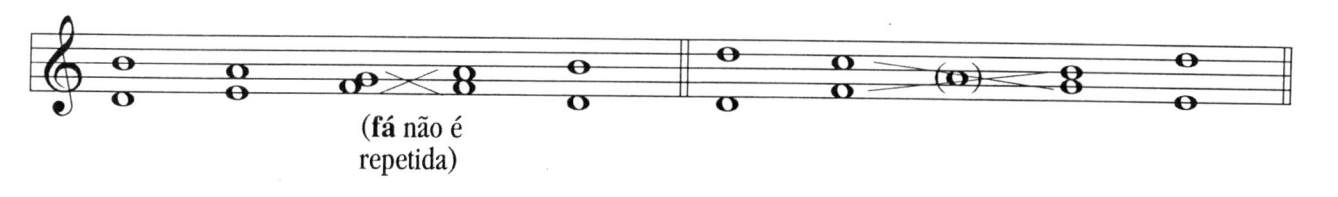

Após cruzar duas vozes, é conveniente reconduzi-las à sua posição original, cruzando-as pela 2ª vez. Entretanto, a melodia não deve cruzar para se manter na voz mais aguda.

9 Pode ocorrer *nota cromática fora de escala*. Deve ser conduzida, por $1/2$ tom ascendente ou descendente, para alcançar nota de escala. Não deve ser usada simultaneamente com nota de escala em outra voz, situada $1/2$ tom acima ou abaixo dela, em qualquer oitava. Duas ou mais notas cromáticas não devem ser usadas em seqüência, mas são permitidas simultaneamente.

10 O uso de nota(s) cromática(s) fora de escala antes de PH pode fazer a estrutura assumir o aspecto de aproximação harmônica. Entretanto, os cromatismos devem ser resolvidos individualmente, sem aplicar técnica de aproximação harmônica. Ou seja: em técnica linear não se fala em *acorde de aproximação* e sim, em *nota de aproximação*.

▪ Verticalidade

Em qualquer ponto do trecho linear, devem ser observados alguns aspectos da relação vertical entre as vozes, embora as regras de PHs não se apliquem aqui:

1 A única regra de PH aplicada também nos pontos de linha é não usar ♭9 vertical exceto **a.** ♭9/1 em acorde dominante **b.** 1/7M em acorde maior **c.** ♭5/11 em meio-diminuto exceto quando ♭5 é melodia.
2 Não usar o intervalo de 2ªˢ entre a primeira e segunda voz, por duas notas melódicas consecutivas.
3 Em cada trecho linear, limitado entre dois PHs, o número de DPs não deve exceder o número de DPs nos PHs adjacentes (de preferência menos).
4 Para que as notas inferiores, no trecho linear, combinem em caráter e estilo com as notas melódicas, a escala de acorde deve ser cuidadosamente escolhida, especialmente no caso de blues ou dominantes com alterações. Por exemplo, I7 blues, com ♯9 na melodia, não sugere escala alterada, pois ♯5 não soa bem, caindo então a escolha sobre a escala lídio ♭7 com ♯9, escala típica em blues:

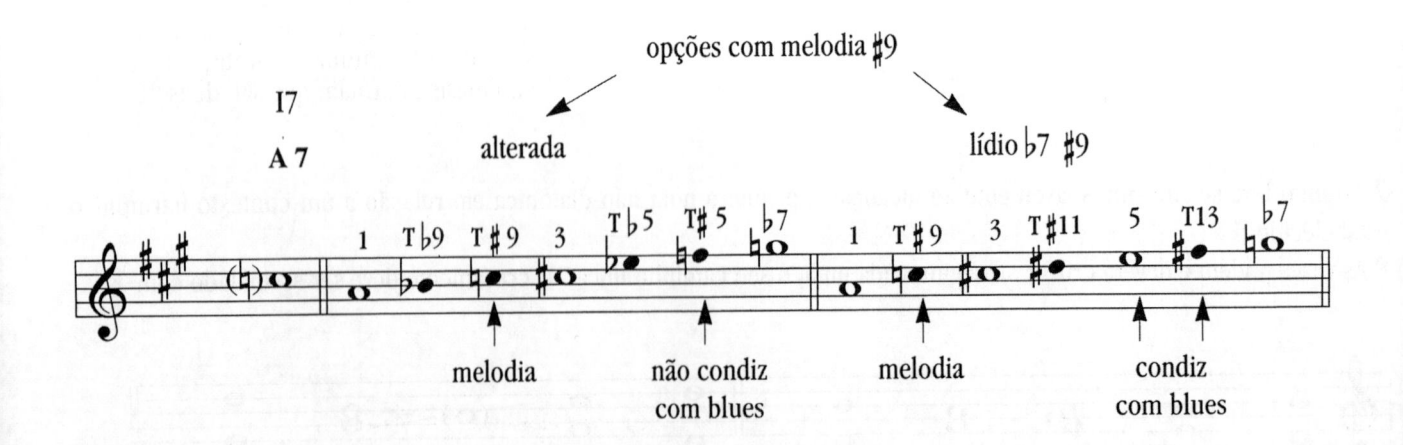

- Outros cuidados

1 O conjunto de regras lineares não só se aplica fora de PH mas também ao alcançar e abandonar PH, e ao alcançar e abandonar uníssono.

2 Ao elaborar o trecho linear debaixo da melodia anotada, entre dois PHs já construídos, trabalhe no seguinte plano: **a.** última voz **b.** segunda voz **c.** outras vozes

3 Esquema de notação: no mesmo pentagrama, duas vozes no máximo. A cinco vozes, por exemplo, 3 pentagramas: o primeiro exclusivo da 1ª e 2ª voz, o segundo exclusivo da 3ª e 4ª voz e o terceiro exclusivo da 5ª voz. Devem ser assinalados os cruzamentos com ✗ entre as vozes, os uníssonos com ( ), as notas cromáticas fora de escala com cr, e os DPs com ⌐. As claves 𝄞 ou 𝄢 no pentagrama do meio são opcionais e intercambiáveis, conforme a região da 3ª e 4ª voz.

Exemplo Melodia e harmonia dadas, executar a 5 vozes na técnica linear em bloco. Instrumentação: alto/trompete/tenor/trombone/barítono

A noite do meu bem (início)   *Dolores Duran*

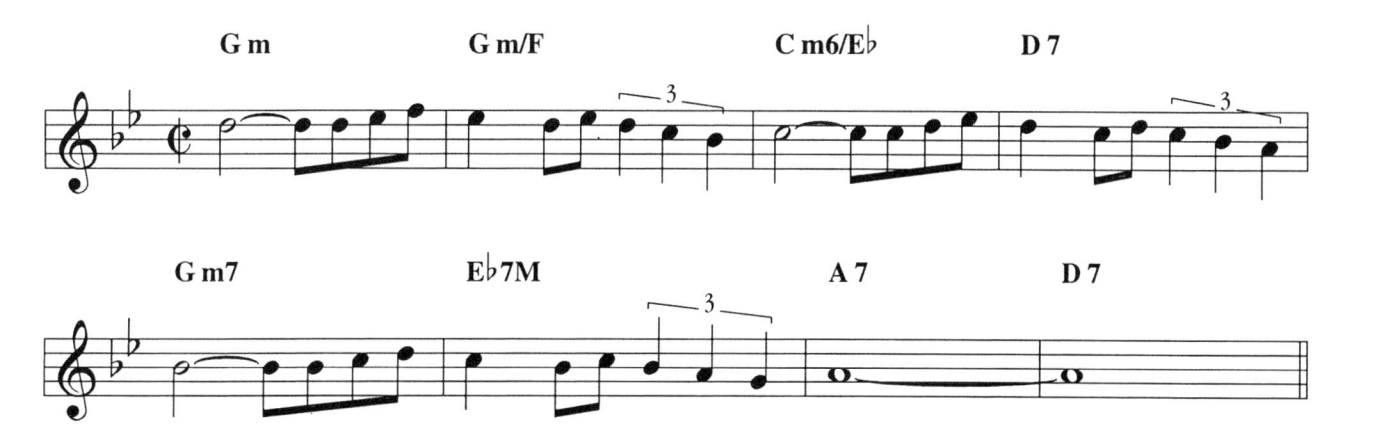

1º passo: escolha das escalas de acordes, planejamento dos locais dos PHs, suas riquezas em tamanho e em relação intervalar (RI); colocação das notas do baixo (5ª voz) nos PHs e realização das estruturas nos PHs.

2º passo: realização do baixo (5ª voz)

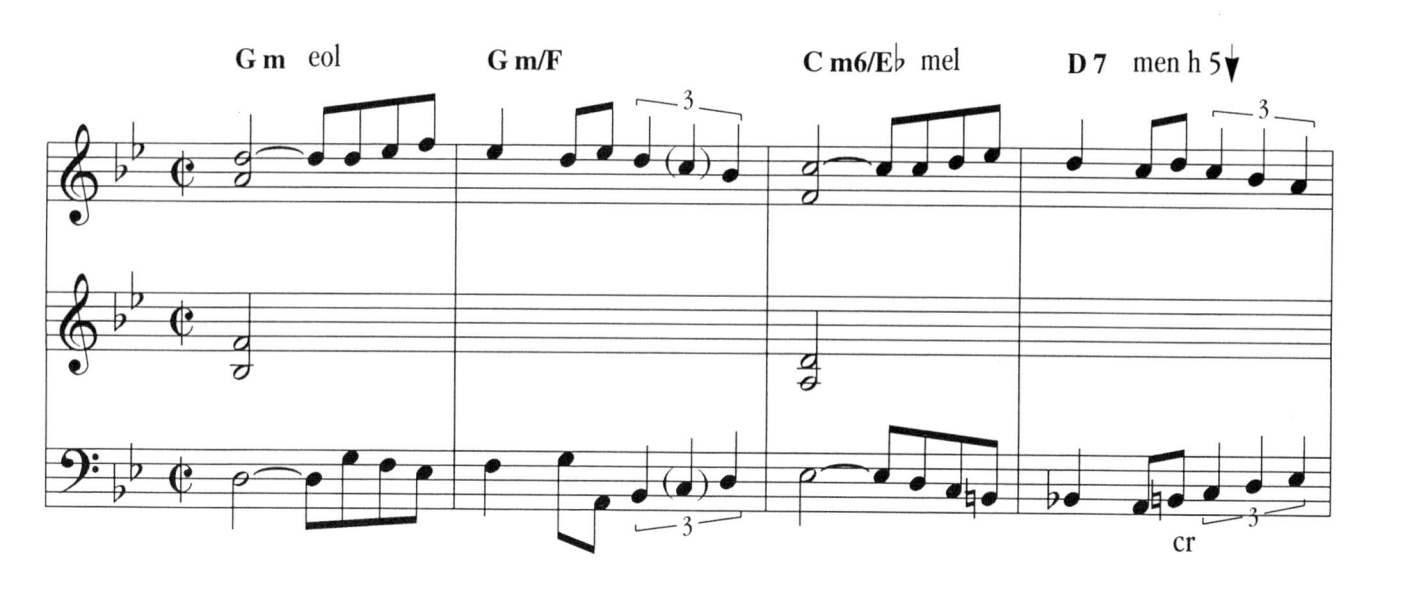

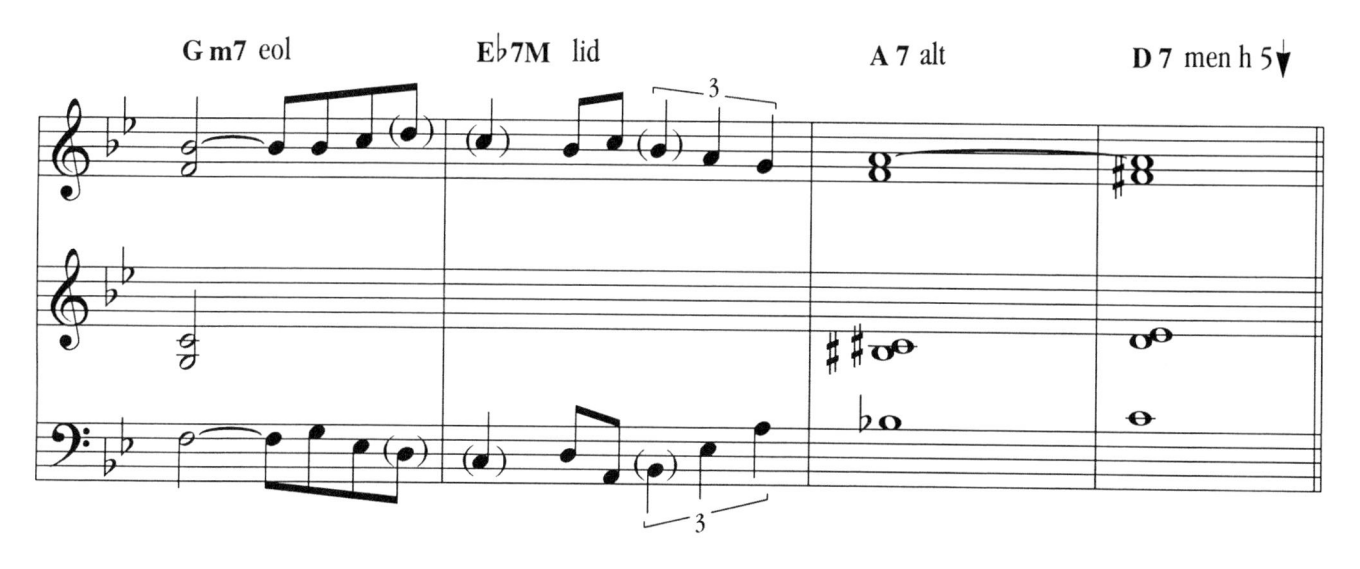

3º passo: realização das vozes intermediárias, a começar pela 2ª voz, avançando para a 3ª e 4ª voz

faixa 62

Repare:— Todos os dobramentos (assinalados entre parêntesis) preparados e resolvidos em movimento contrário
— Nenhuma voz vai acima da melodia (1ª voz)
— Não há notas soando meio tom acima ou abaixo de CR
— Pelo menos uma das vozes faz movimento contrário às demais
— As vozes inferiores só ultrapassam, no máximo, por um tom, os saltos da 1ª voz
— DPs assinaladas com]
— Outros cuidados recomendados na técnica linear em bloco.

2 Escalas inventadas

As notas da melodia, combinadas com as notas do acorde, às vezes não formam uma escala convencional:

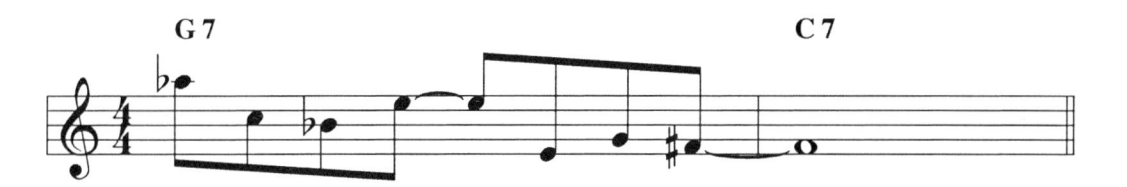

Neste caso, inventa-se uma escala de acorde. A escala é feita de **1** todas as notas melódicas (salvo notas cromáticas fora de escala) **2** notas básicas do acorde* que não aparecem na melodia **3** nota(s) complementar(es) de livre escolha para formar escala de 6 ou 7 notas; procure formar escala não convencional (quanto mais estranha, melhor). Eis uma possibilidade de "escala inventada" relativa a G7 do exemplo acima:

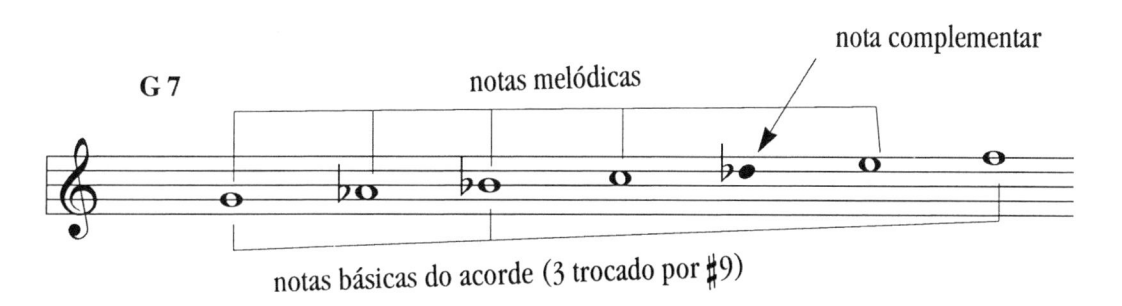

Observações: 1 Ao completar a escala, não use semitons adjacentes. **2** A escala resultante pode parecer ou até ser uma escala "familiar" (como dórico, etc.). Quando for este o caso, adote a nota evitada. **3** A escala inventada é utilizada, como qualquer escala convencional, para fornecer notas disponíveis em PHs e em trechos lineares.

* Notas básicas nos acordes mais usados:

acorde maior 1 - 3 - 5 / tônica menor 1 - ♭3 - 5 / dom7 1 - 3 - ♭7 /
m7 não tônica 1 - ♭3 - 5 - ♭7 (em blues, melodia ♯9 elimina 3 e
melodia ♯11 elimina 5 do acorde)

No próximo trecho, elaborado a 5 vozes na técnica linear, aparece uma escala de acorde inventada para D7:

In a mellow tone (final)   *Duke Ellington*

* escala inventada (só utilizada, aqui, em trecho linear)

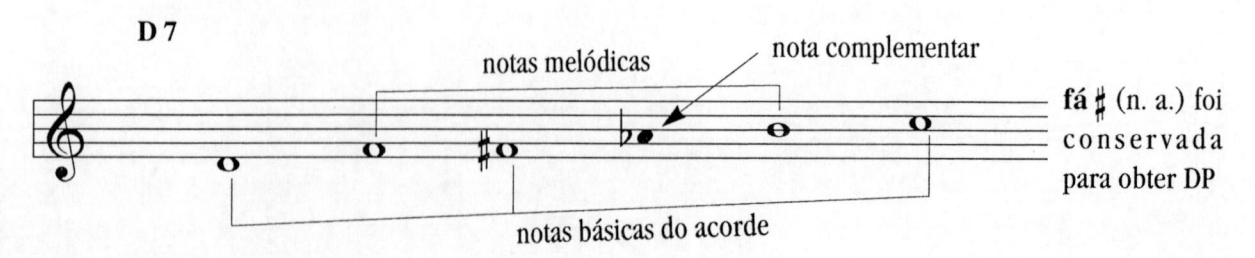

fá♯ (n. a.) foi conservada para obter DP

D ♦ UTILIZAÇÃO DA TÉCNICA LINEAR

No início deste capítulo já apresentamos as características da técnica linear e suas aplicações básicas.

Os dois exemplos, a seguir, são trechos de músicas que prestam notavelmente para o tratamento linear (um bebop e um choro): caminhos harmônicos tonais e melodia em bastante movimento.

A técnica não sofre grandes alterações pelo número de vozes em bloco, podendo ser de 2 a 6 vozes e até mais; a diferença se sentirá mais no número de DPs disponíveis, já que, obviamente, ele aumenta com o número de vozes. O 1º exemplo será a 5 vozes, o 2º exemplo a 4.

Outro aspecto a observar é a horizontalidade das vozes, razão pela qual os instrumentos são aproveitados em sua qualidade de sustentação (notas ligadas), mais que em qualidade de ataque. Qualquer instrumento servirá a tal propósito desde que seja adequadamente usado. Não há instrumento que não possa produzir "legato", entretanto há instrumento que não é próprio a ataque, como a trompa, por exemplo.

Finalmente, lembre-se de usar a técnica com restrição: aplicada a certos trechos apropriados, e nunca no arranjo inteiro. De resto, qualquer técnica em bloco deve ser usada com reserva.

Confirmation (1ª parte) *Charlie Parker*

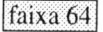

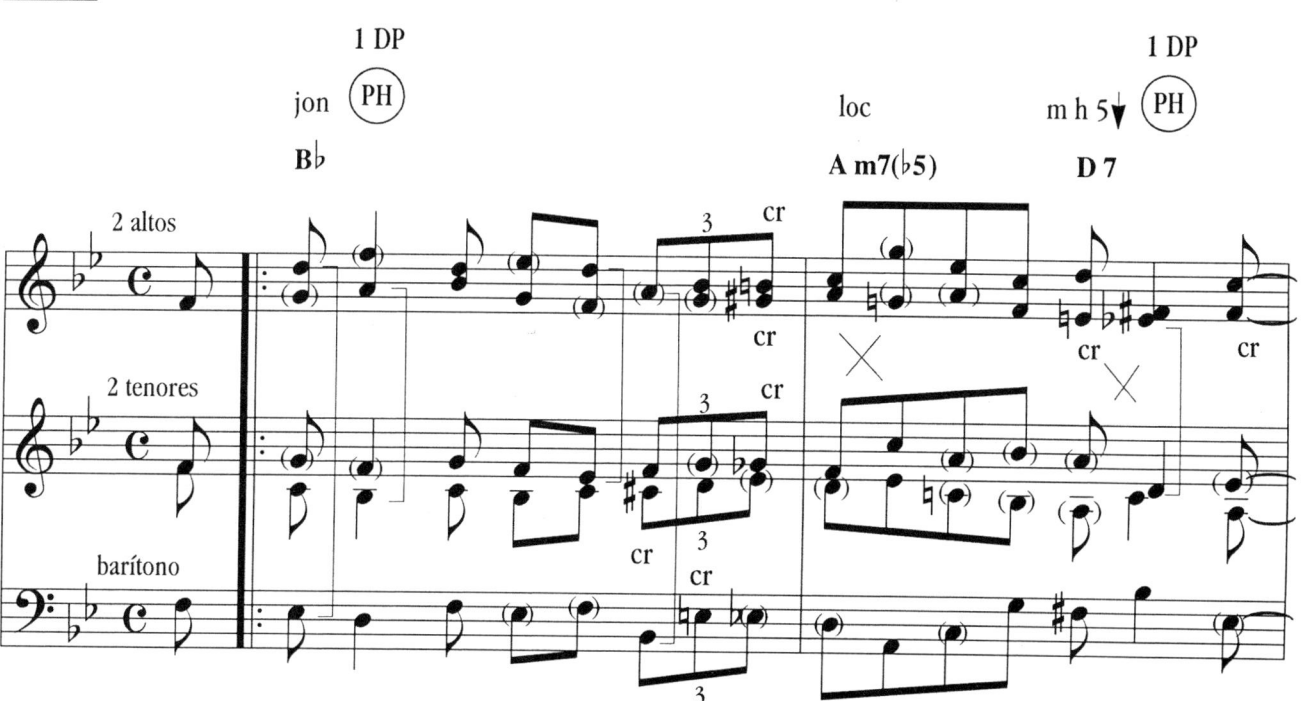

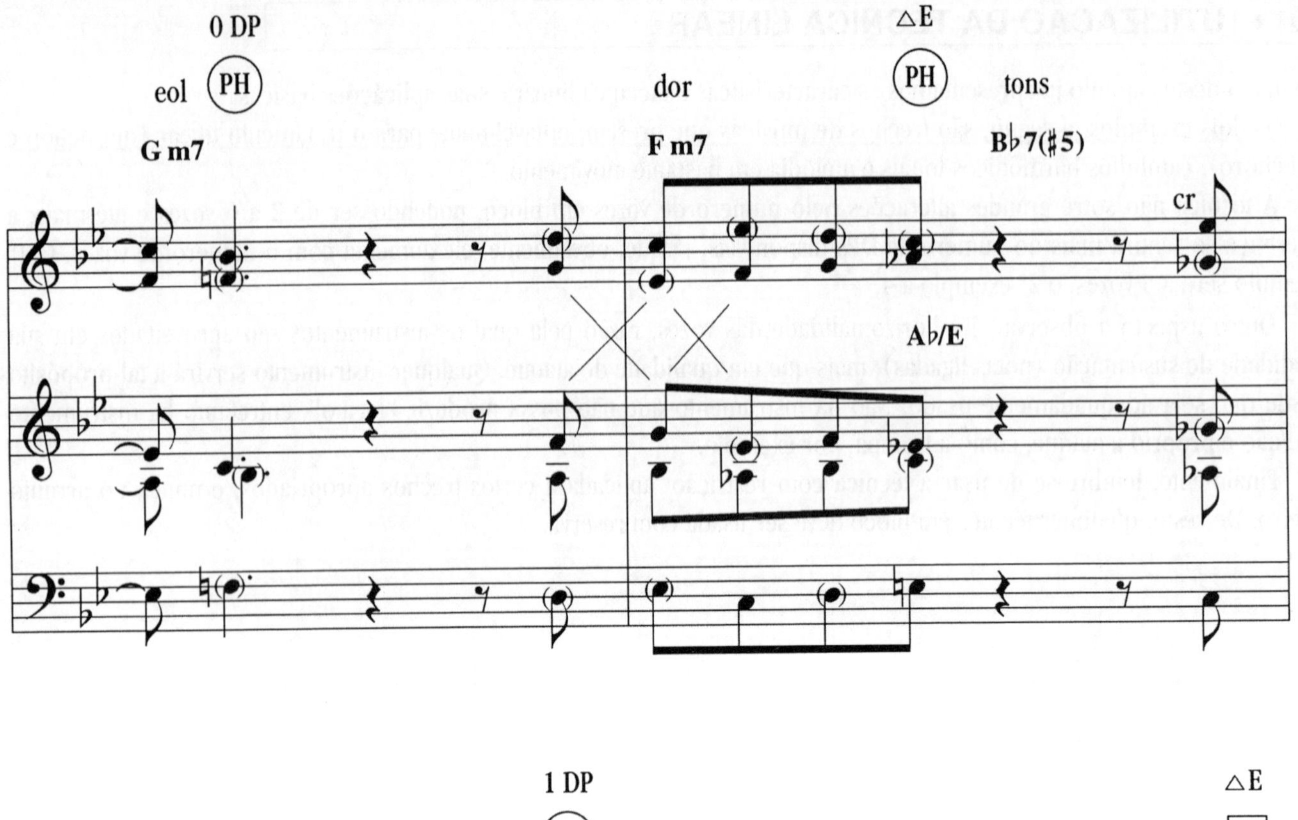
0 DP
eol PH
G m7
dor
F m7
△E
PH
tons
B♭7(♯5)
cr
A♭/E
1 DP
m h 5
E♭7(♭9)
dim PH
B♭°
cr
1º loc
D m7(♭5)
m h 5
G 7
△E
CP
cr
E/B♭
cr

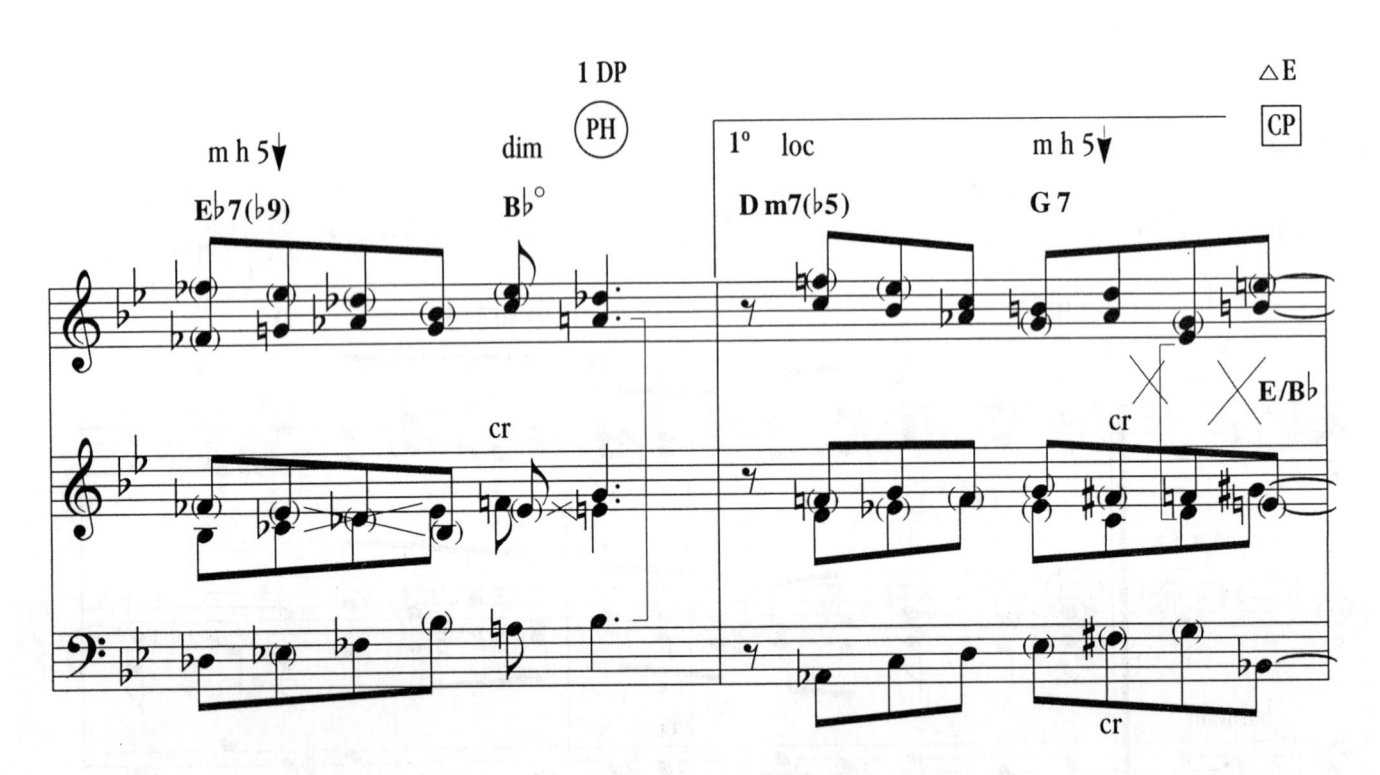

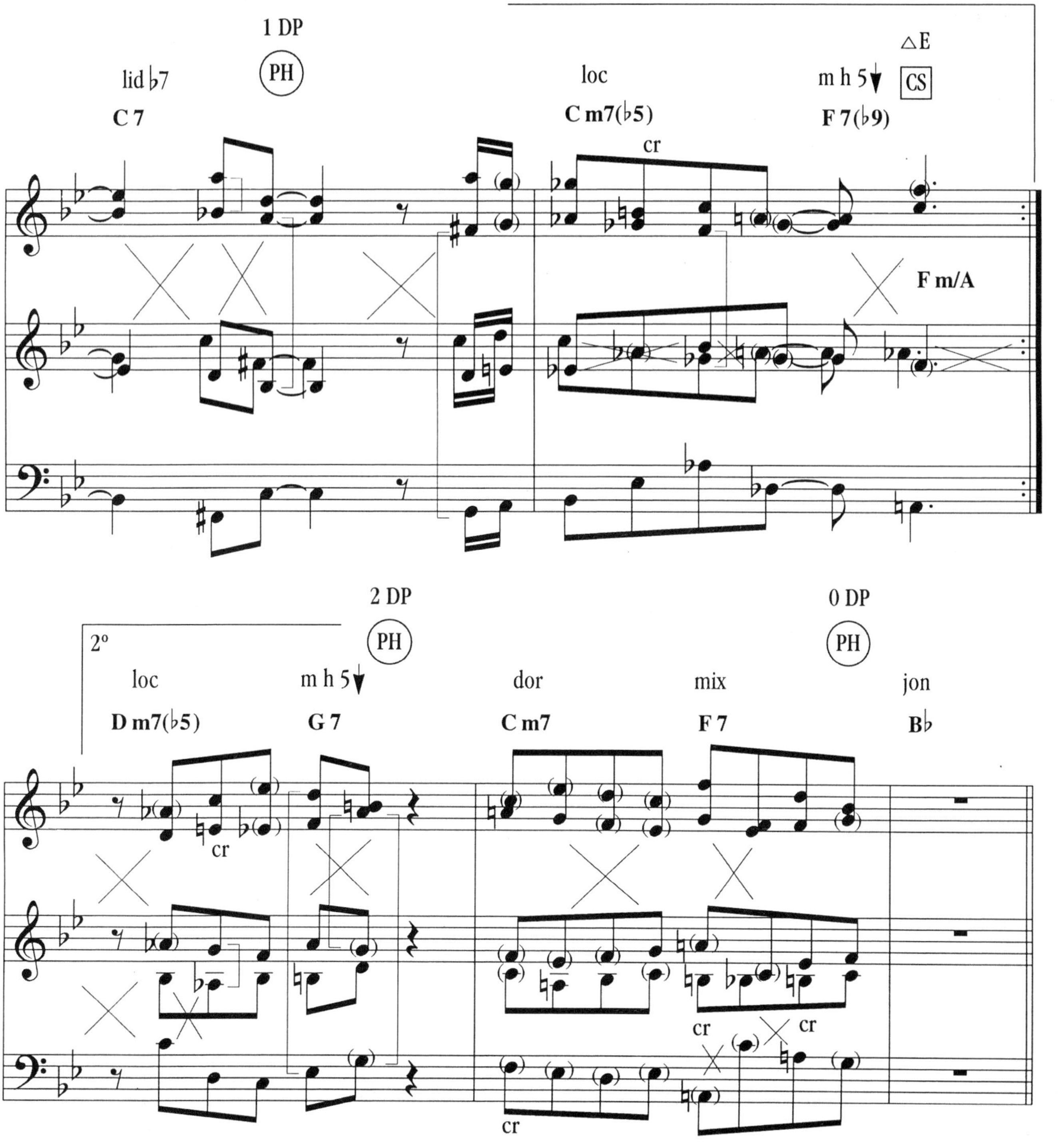
1 DP
PH
lid ♭7
C 7
loc
C m7(♭5)
cr
△E
m h 5
CS
F 7(♭9)
F m/A
2 DP
PH
0 DP
PH
2º
loc
D m7(♭5)
m h 5
G 7
dor
C m7
mix
F 7
jon
B♭
cr
cr
cr
cr

Vou vivendo (1ª parte) — *Pixinguinha*

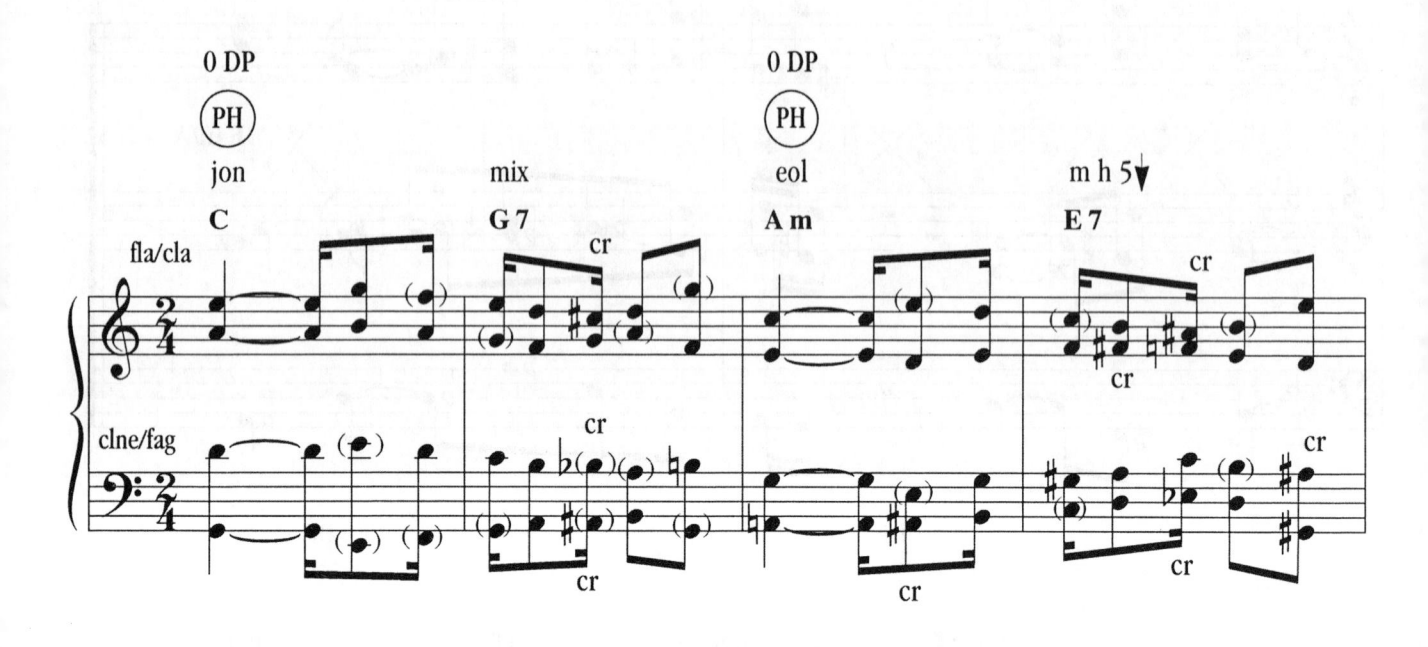

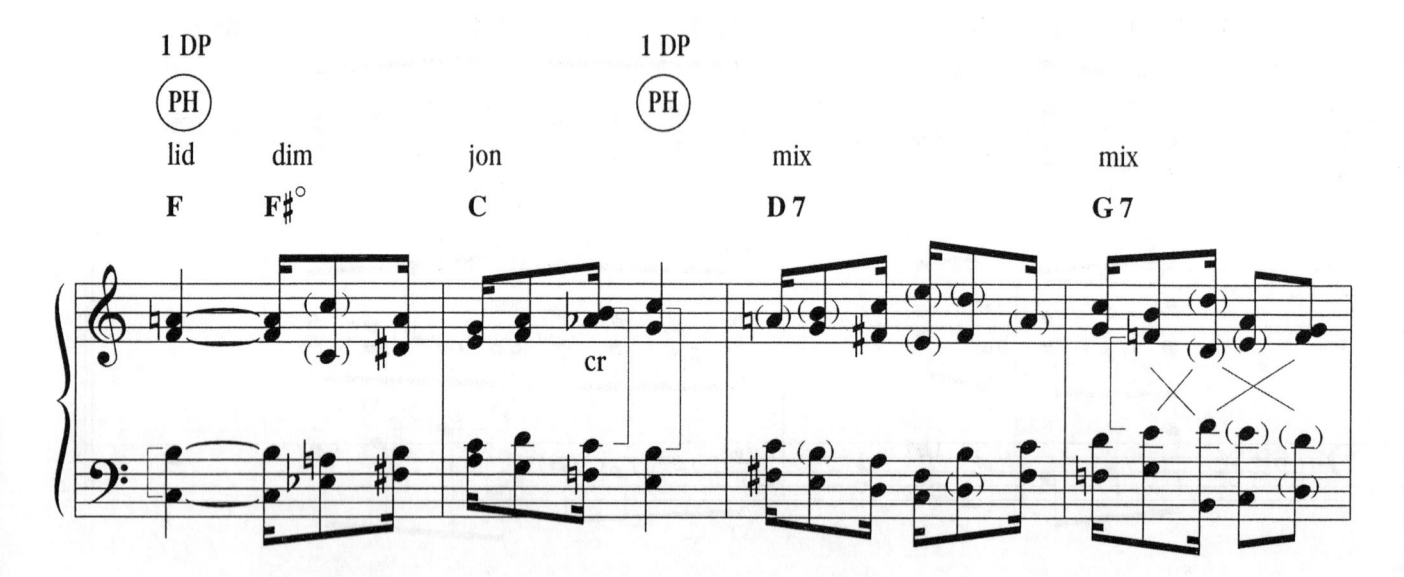

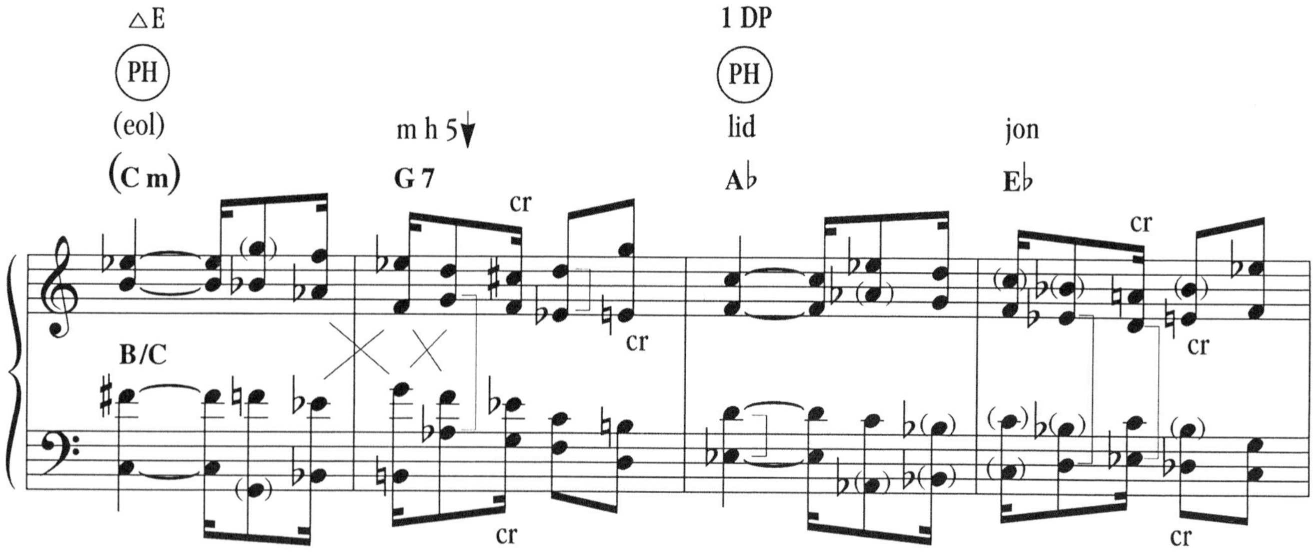
△E
PH
(eol)
(C m)
m h 5
G 7
1 DP
PH
lid
A♭
jon
E♭
cr
B/C
cr
cr
cr
cr
cr

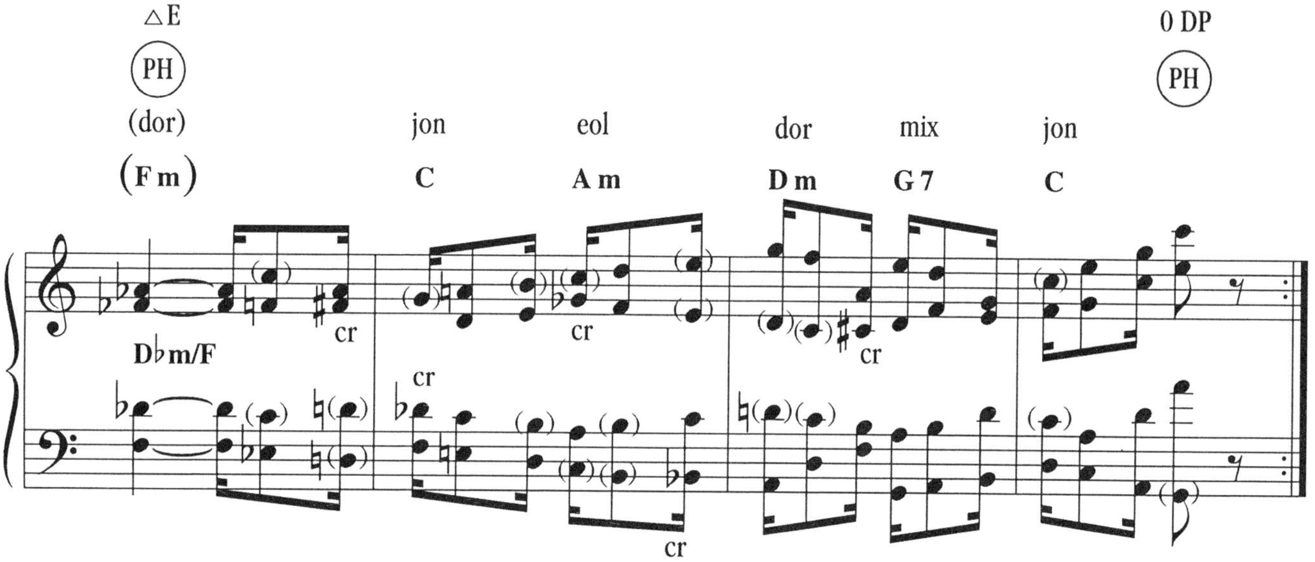
△E
PH
(dor)
(F m)
jon
C
eol
A m
dor
D m
mix
G 7
jon
C
0 DP
PH
D♭m/F
cr
cr
cr
cr
cr

7ª PARTE
REARMONIZAÇÃO PARA ARRANJO

A ◆ APRESENTAÇÃO

Rearmonizar é repensar a harmonia. É não usar a harmonia natural da música, mas inventar uma que a melodia não só aceita mas agradece. Não se trata, portanto, de trocar acordes por outros mais ricos, mas trocar a harmonia *inteira* de um trecho.

Atrás de cada rearmonização há uma idéia, um ponto de partida, um critério preestabelecido. Falamos de *técnica* quando esta idéia não se apóia unicamente na intuição, mas é *organizada* ou sistematizada. Isso garante homogeneidade de linguagem.

As técnicas para rearmonização, apresentadas a seguir, funcionam para enriquecer a harmonia original (principalmente tonal), às vezes sem muita "novidade", tornando-a gratificante para um arranjo brilhante. Comparando com a técnica linear recém-estudada, ambas têm o propósito de interferir na composição quando esta, por si, pouco oferece de recursos interessantes para criar novas sonoridades no decorrer do arranjo. Os caminhos das duas técnicas, entretanto, são opostos: enquanto a técnica linear cria novas texturas no naipe em bloco com o aproveitamento da harmonia original, as texturas de rearmonização criam novas harmonias com o aproveitamento das técnicas de perfil convencionais do naipe (mecânicas, não-mecânicas, livres).

A escolha da rearmonização apropriada para um determinado trecho, bem como sua elaboração, requer planejamento e sobretudo o uso de papel e lápis. As músicas mais beneficiadas serão as de linguagem popular mais simples. Rearmonizar *Desafinado* de Tom ou *Giant steps* de Coltrane, por exemplo, não será tão gratificante quanto *Eu vou pra Maracangalha* de Caymmi ou *All of me* de Simons & Marks.

B ◆ REARMONIZAÇÃO FUNCIONAL

1 Conceito

Cada nota da melodia é harmonizada com acorde diferente para naipe em bloco. Os acordes escolhidos *conservam a função harmônica* (T, D ou S) dos acordes originais aos quais substituem. Por ser esta técnica baseada no som das funções, contrastantes entre si, ela é restrita a músicas tonais. É gratificante onde houver, em média, várias notas melódicas para o mesmo acorde (função) na harmonização original.

2 Quadro funcional

Na harmonia tonal, as funções são tônica (T), dominante (D) e subdominante (S). É também bastante comum encontrar áreas exclusivas de subdominante menor (Sm) contracenando com subdominante maior (S). Por esta razão, o quadro a seguir, que organiza os acordes mais usados conforme sua função, apresenta quatro colunas em vez de três. Entretanto, nas áreas onde acordes S e Sm se encontram *misturados* ou onde uma das colunas estiver *ausente*, as S e Sm devem ser fundidas numa só.

Na horizontal, o quadro divide os acordes em categoria primária, secundária e terciária, conforme a sua força dentro da respectiva função.

Os números romanos de I a VII são do sistema já adotado para análise. Não importa se o dominante é primário ou secundário: o acorde está na coluna D e as demais funções também soam *situadas no tom do momento*, que pode estar em constante mudança, e o quadro em constante transposição.

QUADRO FUNCIONAL

função / categoria da força	T	S	Sm	D
características	*presença* da tônica (exceto *) e da 3M ou 3m do tom *ausência* da 4J do tom	*presença* da 4J (exceto *) e da 6M do tom *ausência* da sensível	*presença* da 4J (exceto *) e da 6m do tom *ausência* da sensível	*presença* da sensível *presença* da 4J do tom (exceto *) *ausência* da tônica
primária	I Im I7 blues	IV IV7	IVm	V7 subV7 VIIm7($\flat$5) VII°
secundária	IIIm * $\flat$III	IIm $\flat$VII	IIm7($\flat$5) $\flat$II	VII7(alt) IV7($\sharp$11) IV($\sharp$11)
terciária	VIm VIm7($\flat$5)	$\sharp$IVm7($\flat$5) * II7* seguido por T VIm* seguido por D	$\flat$VI $\flat$VII7 II7($\flat$5)* seguido por T	IIIm* seguido por T $\flat$III($\sharp$5) $\flat$III7($\sharp$5) III7($\genfrac{}{}{0pt}{}{\natural 5}{\flat 9}$)

Observações:

1 Tríade ou tétrade, a função permanece a mesma. O número 7 só aparece no complemento da análise se for relevante [como ♭VII7M = S e ♭VII7 = Sm] para a função.

2 Qualquer número ou sinal complementar só aparece se indicar estrutura básica [como IV7] ou se for relevante [como II7(♭5) = Sm ou III7 $\binom{\natural 5}{\flat 9}$ = D] para a função.

3 7M e 6 são opcionais quando uma delas não for característica da função [como ♭VII7M = S maior].

4 *Presença* e *ausência* de notas caracterizam cada uma das funções, também indicadas no quadro. A nota característica da função pode, às vezes, ser dispensada na montagem do acorde, para evitar notas repetidas entre acordes seguidos, principalmente na mesma voz. As notas características do acorde, entretanto, não devem faltar.

5 O símbolo analítico representa a *intenção* do acorde. Sua respectiva cifragem, prática, pode "disfarçar" a intenção.

Exemplos:

a. V7   I   análise
      A♭m6   C   cifras práticas
      [G7]   [intenção]

b. V7   I   análise
      Em6   D   cifras práticas
      [A7]   [intenção]

c. VII°   I   análise
      G°   Fm   cifras práticas
      [E°]   [intenção]

6 Quando um acorde original não traz o som de nenhuma das funções, é substituído por outro, funcional, que mais se assemelha com o seu som, para a identificação de sua função e conseqüente situação no quadro.

Exemplos:

a. T   sem   S   D   T
              função
      I   ♭III°   IIm7   V7   I
      G/B   B♭°   Am7   D7   G
      [C/B♭] → IV7 → S

b. T   sem   T
              função
      I   Vm7   I
      G   Dm7   G
      [F7M] → ♭VII7M → S

3 Elaboração

A rearmonização funcional é realizada em bloco. Cada nota da melodia recebe acorde diferente. Esses acordes são selecionados dentro da mesma função do acorde original ao qual substituem. A harmonia de um determinado trecho, portanto, é modificada e ativada, mas a respectiva função é conservada. As cifras da rearmonização, desde que sejam compatíveis com as respectivas notas melódicas, são extraídas do "quadro funcional" que classificou os acordes pela sua função. É bom lembrar da disponibilidade de cifras práticas mesmo fora do quadro, quando expressam a função desejada. Por exemplo, função D em **dó maior** poderá ser A♭m6 [=V7alt], Dm6 [=G7(9)], F° [=VII°].

A seqüência de acordes, dentro da mesma área funcional, é organizada a *diversificar*, ao máximo, os sons de um acorde para o próximo, reduzindo e de preferência evitando entre eles as notas comuns. A montagem da seqüência é feita com este único critério, *desprezando* linearidade, inversão e condução harmônica, normalmente observadas no encadeamento. A elaboração a várias vozes em bloco (adotando uma ou outra técnica) realizada em seguida garantirá a continuidade harmônica e a unidade do naipe. O trabalho é feito em duas etapas distintas: seleção de cifras e elaboração em bloco. O bloco pode ser elaborado em qualquer técnica já aprendida ou até mesmo montagem livre de notas de acorde, desde que o som da cifra escolhida seja claramente representada, não deixando faltar seu som básico (3ª e 7ª em geral). As vozes devem ser conduzidas suavemente.

A técnica de rearmonização funcional produz no naipe som bastante diferente de quaisquer parâmetros conhecidos, onde unicamente o *vínculo funcional* entre acordes da mesma área dá sentido à harmonia. Deve ser usada com reserva, em trechos curtos de forte definição tonal (funcional) em que 3 a 6 notas melódicas, em média, caem na mesma função.

■ Rearmonização funcional sem mudança de tônica

exemplo **a.**

O cravo brigou com a rosa (início)   *folclore*

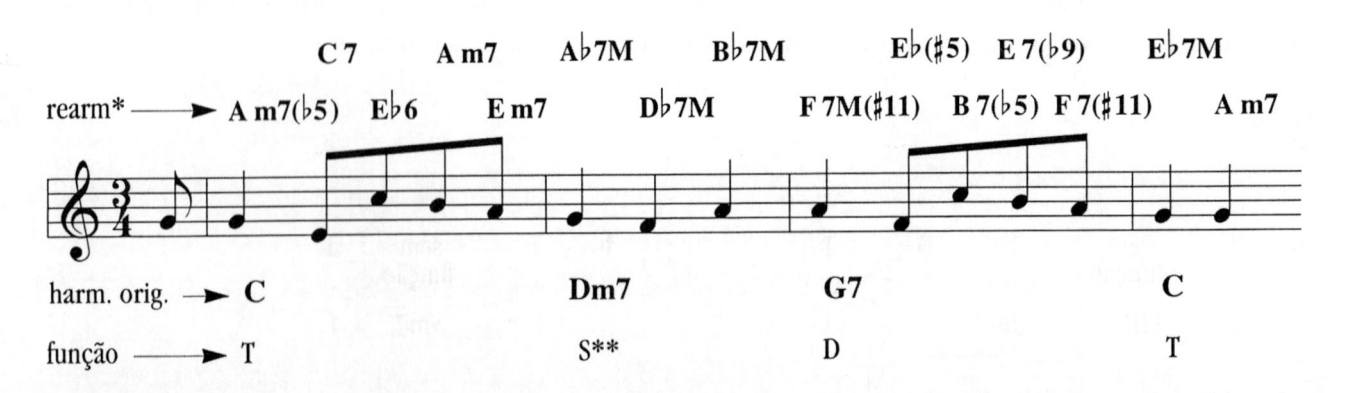

	C7	Am7	A♭7M	B♭7M	E♭(♯5)	E7(♭9)	E♭7M
rearm* →	Am7(♭5)	E♭6	Em7	D♭7M	F7M(♯11)	B7(♭5)	F7(♯11)	Am7

| harm. orig. → | C | | Dm7 | G7 | | C |
| função → | T | | S** | D | | T |

* Cifras em duas camadas para caberem na extensão do papel. Acompanhe em movimento "zig-zag"

** Observe a mistura de acordes S e Sm na rearmonização, devido à ausência da área Sm no trecho

Realização a 4 vozes em bloco, abertura ↓2+4

[faixa 66]

	C7	Am7	A♭7M	B♭7M	E♭(♯5)	E7(♭9)	E♭7M
Am7(♭5)	E♭6	Em7	D♭7M	F7M(♯11)	B7(♭5)	F7(♯11)	Am7

fla/oboé
clar/corne-ing

exemplo **b.**

Pai Francisco entrou na roda (2ª parte)   *folclore*

(comp. 5-8)

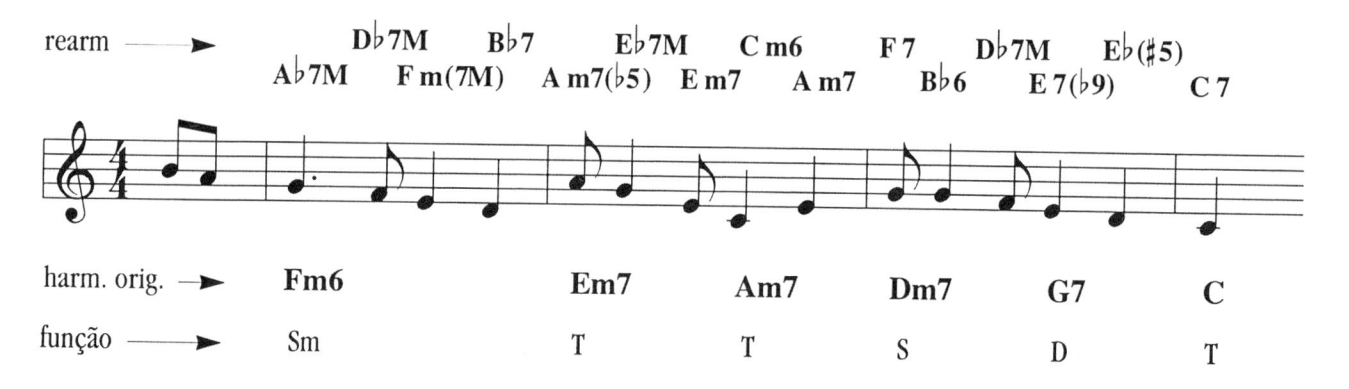

rearm →
A♭7M	D♭7M	B♭7	E♭7M	Cm6	F7	D♭7M	E♭(♯5)
	Fm(7M)	Am7(♭5)	Em7	Am7	B♭6	E7(♭9)	C7

harm. orig. → Fm6 — Em7 — Am7 — Dm7 — G7 — C
função → Sm — T — T — S — D — T

Realização a 4 vozes em bloco, montagem livre (sem técnica de perfil)

[faixa 67]

A♭7M	D♭7M	B♭7	E♭7M	Cm6	F7	D♭7M	E♭(♯5)
	Fm(7M)	Am7(♭5)	Em7	Am7	B♭6	E7(♭9)	C7

clar/corne-ing
clne/fagte

89

Comentários

1. Na realização em bloco, são recomendadas as técnicas mecânicas, em qualquer abertura (o exemplo **a.** foi realizado em ↓2+4) ou então a montagem livre, bastante eficiente onde a clareza harmônica é desejada (exemplo **b.**). As técnicas não-mecânicas (em quartas, supercerrado e TES) não são recomendadas, pois, devido à grande atividade harmônica, procura-se montagem clara e simples para facilitar a percepção imediata dos acordes.

2. O som básico deve estar presente em cada estrutura de acorde. Entretanto, para reduzir notas repetidas (principalmente na mesma voz), as demais notas podem ter um trânsito bastante livre, optando entre $7M/6$ $\sharp11/5$ $13/5$ $9/1$ etc. Nem mesmo é necessário que todas as estruturas incluam a nota típica da função (por ex. 4J do tom em Sm). A estrutura de um determinado acorde pode lembrar, sem problema, seu substituto, como acontece na estrutura de A♭7M (= Cm7) e F7($\sharp$11) (= G7($\sharp$5)) no exemplo **a.**

3. *Participação da seção rítmico-harmônica.* Possibilidades: **a.** não participa **b.** a levada rítmica continua, a parte harmônica descansa **c.** além da levada rítmica, o contrabaixo toca os baixos das cifras na mesma divisão da melodia e do bloco **d.** o contrabaixo dobra a voz mais grave do naipe **e.** é preferível a guitarra/piano/violão não participar, ou então podem dobrar algumas das linhas das vozes do bloco (correndo o perigo de desequilibrar ou alterar a sonoridade planejada para o naipe) **f.** é possível escolher algumas notas ritmicamente interessantes da melodia e sublinhá-las com a percussão, inclusive baixo/guitarra/piano, estes últimos tocando a cifra do momento (fazendo pausa no resto do tempo).

4. Dois conselhos práticos: **a.** após ter selecionado as cifras da rearmonização e já iniciado a elaboração das vozes em bloco, é normal trocar cifras já escolhidas por outras, para conseguir diversidade de sons e boa condução das vozes **b.** durante a condução das vozes, é inevitável enarmonizar várias notas, em busca do sentido melódico/tonal (desprezando a coerência vertical relativa a cada cifra), mesmo porque a maioria das cifras, nesta textura, não tem a aparência de seu som.

■ Rearmonização funcional completa

Modulações, dominantes secundários e dominantes estendidos são mudanças de tônica, temporárias ou definitivas. Implicam a *transposição* do quadro funcional para os tons do momento.

Seja o nosso exemplo *Conversa de botequim*, de Vadico e Noel Rosa:

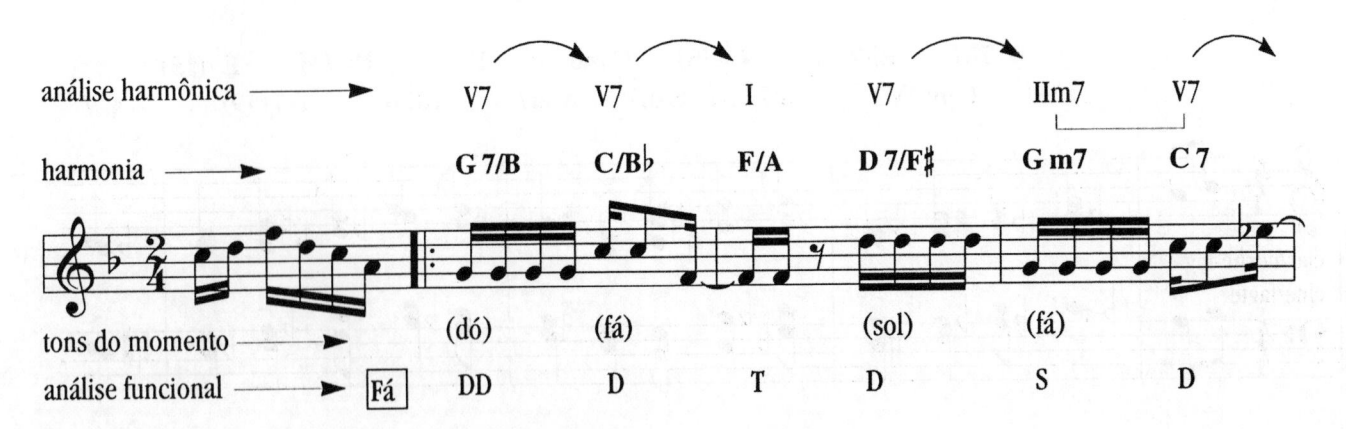

análise harmônica	V7	V7	I	V7	IIm7	V7
harmonia	G7/B	C/B♭	F/A	D7/F♯	Gm7	C7
tons do momento	(dó)	(fá)		(sol)	(fá)	
análise funcional	Fá DD	D	T	D	S	D

Análise funcional é a análise harmônica reduzida às funções (em vez de graus) dos acordes. É indispensável, antes da rearmonização funcional e conseqüente uso do quadro funcional.

O tom é indicado no início: Fá T indica tônica do tom principal: I VI III graus. S Sm (IV ou II graus) e D (V ou VII graus) indicam as funções relativas à T. DD indica dominante do dominante. DS indica dominante do subdominante. D est indica D numa série de dominantes estendidos ou consecutivos. Poderia haver (mas não são encontrados neste trecho) SD indicando subdominante do dominante e SS indicando subdominante do subdominante. Se houvesse modulação, o novo tom seria indicado em ☐ no decorrer da análise.

Todas essas situações implicam usar o quadro funcional em tons diferentes nos tons do momento. Para maior clareza e facilidade, o tom do momento aparece (irrelevante ser maior ou menor) entre parêntesis sobre as letras das funções, quando diferente do anterior.

Feita a análise, pode ser dado início à rearmonização funcional.

A seguir, realizamos a rearmonização funcional do mesmo trecho a 4 vozes, sem técnica definida para o perfil, cuidando apenas de reproduzir os sons das cifras escolhidas, conduzindo-os com a maior linearidade possível.

Conversa de botequim faixa 68

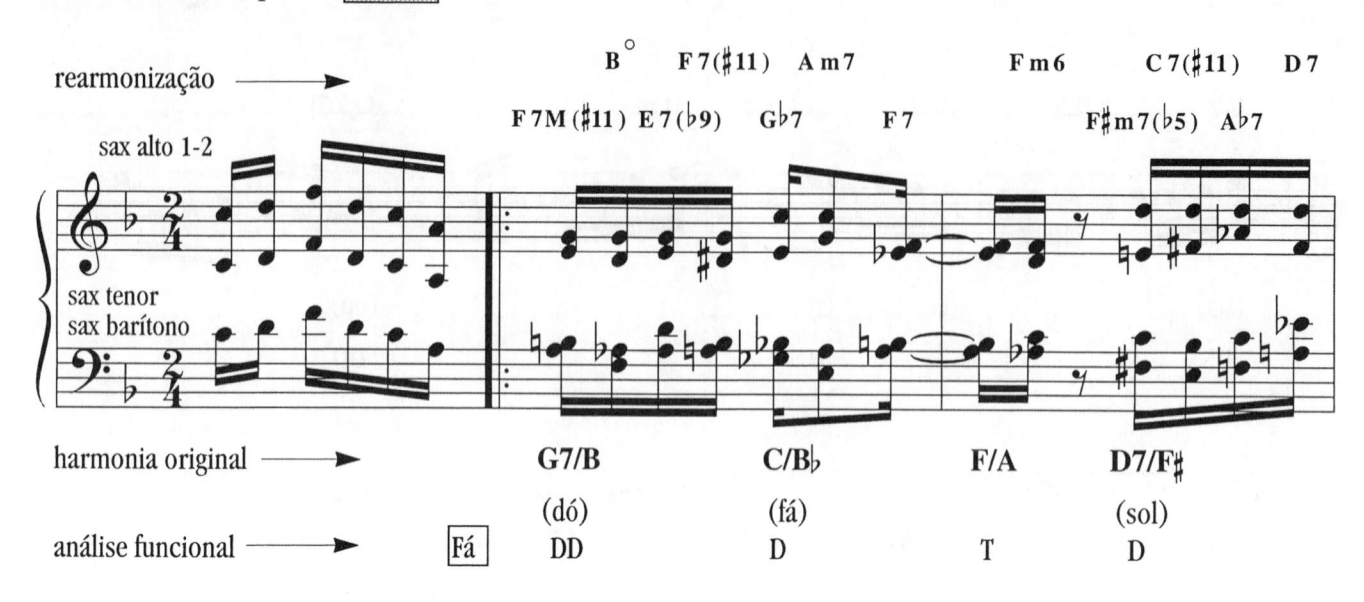

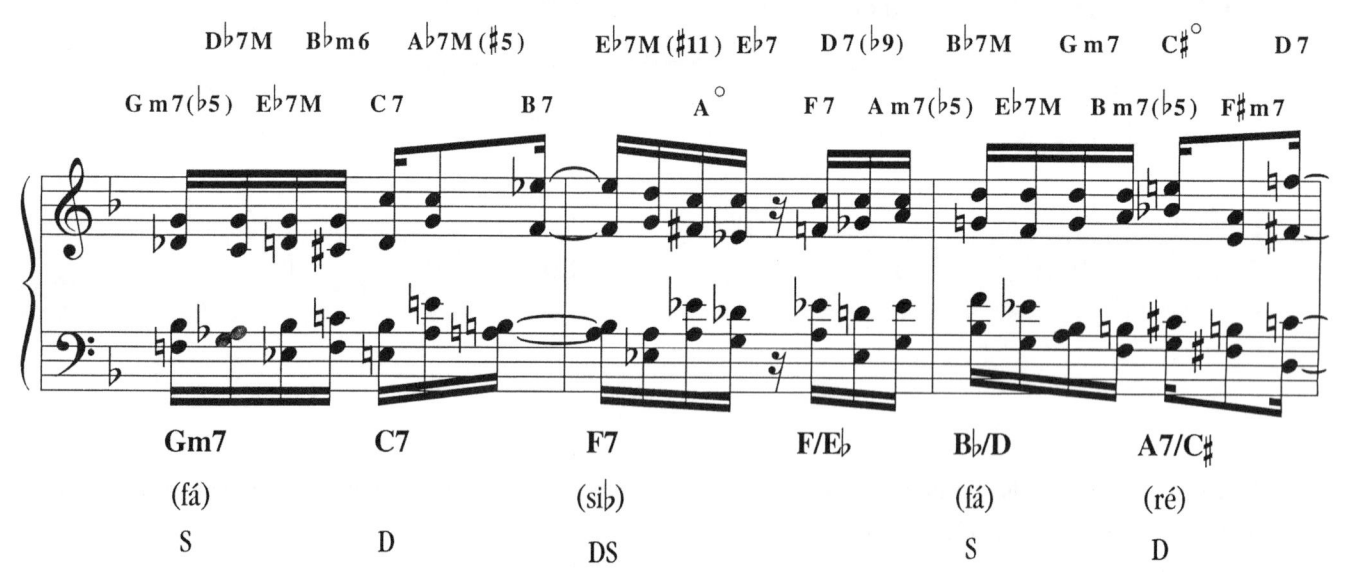

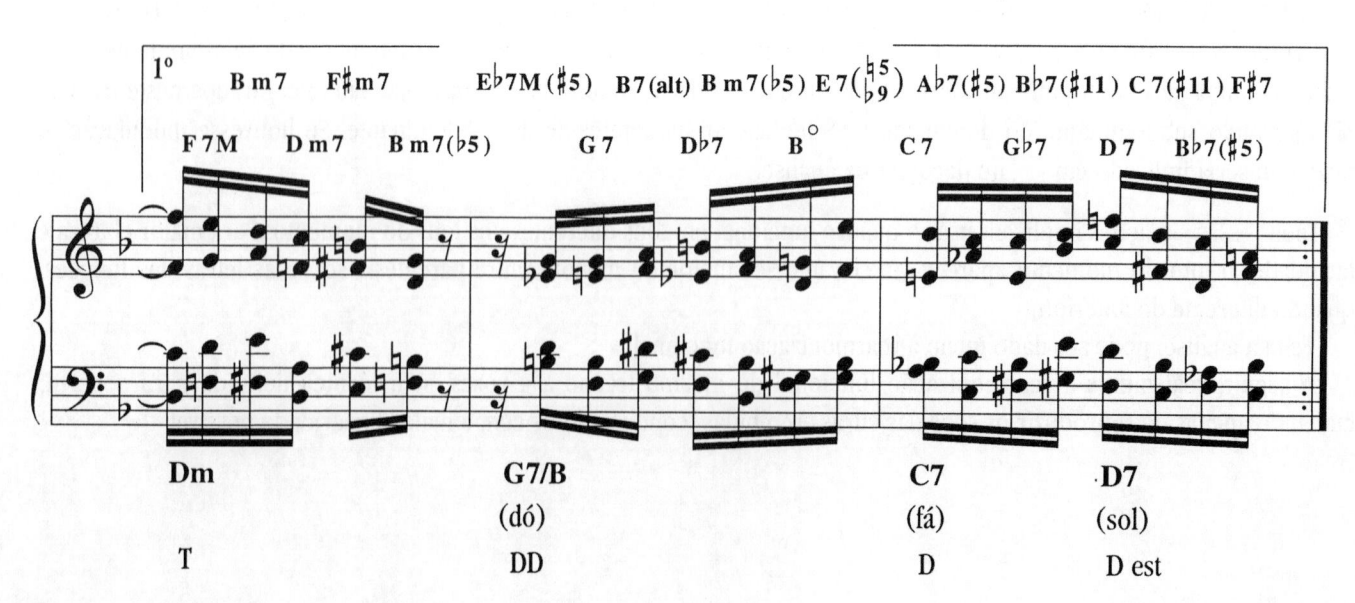

rearmonização →

sax alto 1-2
sax tenor
sax barítono

harmonia original →

análise funcional →

| | Fá | G7/B (dó) DD | C/B♭ (fá) D | F/A T | D7/F♯ (sol) D |

Rearmonização compassos 1:
B° F7(♯11) Am7   Fm6   C7(♯11) D7
F7M(♯11) E7(♭9) G♭7   F7   F♯m7(♭5) A♭7

Rearmonização compassos 2:
D♭7M B♭m6 A♭7M(♯5)   E♭7M(♯11) E♭7   D7(♭9) B♭7M Gm7 C♯°   D7
Gm7(♭5) E♭7M C7   B7   A°   F7 Am7(♭5) E♭7M Bm7(♭5) F♯m7

| Gm7 (fá) S | C7 D | F7 (si♭) DS | F/E♭ | B♭/D (fá) S | A7/C♯ (ré) D |

1°
Bm7 F♯m7   E♭7M(♯5) B7(alt) Bm7(♭5) E7(♭5♭9) A♭7(♯5) B♭7(♯11) C7(♯11) F♯7
F7M Dm7 Bm7(♭5)   G7   D♭7   B°   C7   G♭7   D7   B♭7(♯5)

| Dm T | G7/B (dó) DD | C7 (fá) D | D7 (sol) D est |

Dm	**D7**	**G7**	**C7**	**F**
	(sol)	(dó)	(fá)	
T	D est	DD	D	T

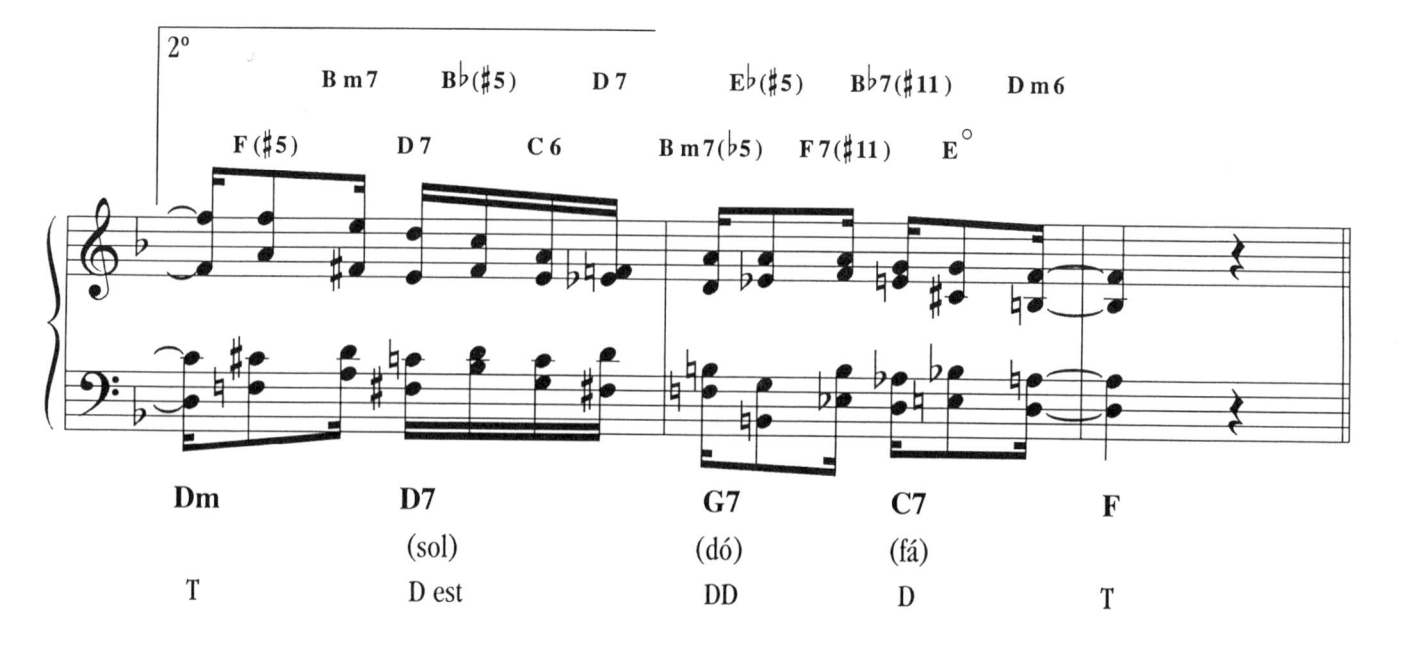

Exercício 33 Faça a análise funcional de *Stella by starlight*, de Victor Young:

- **Tom menor: uso do quadro funcional no tom relativo e anti-relativo**

Casinha pequenina (final) *folclore*

Rearmonização funcional:

Quando a harmonia original for muito simples e de funções definidas, principalmente em tom menor (como é o caso deste exemplo), o quadro funcional pode ser usado no tom relativo (no caso, **dó maior**) ou no anti-relativo (**fá maior**):

Quadro funcional em dó maior faixa 69 B

[Partitura para oboé, clarinete, corne-ing e clarone com os acordes: Bb6, F7M, Ab7M, Db6, D7, Dm7(b5), Em7, Am7, C7, Eb7M(#5), Am7(b5), Em7, Cm6, Eb7, Db7, Eb7M(#5), B°, F7(#11), Am7(b5), indicações S, T, D]

Quadro funcional em fá maior faixa 69 C

[Partitura para oboé, clarinete, corne-ing e clarone com os acordes: Bb7M, Dm7, Bm7(b5), Bbm6, Bb7, Eb7M, Dm7(b5), Am7, Fm6, F7, Ab7M, F7M, Dm7(b5), F7, E7, Em7(b5), Bb7(#11), Am7, Dm6, indicações S, T, D]

Assim, o som da rearmonização ficou ainda mais "distante" do som original. (Isso funciona muito bem em músicas lentas!)

C ◆ REARMONIZAÇÃO POR DOMINANTES ESTENDIDOS

1 Conceito

Em melodias ativas (várias notas por acorde), cada nota da melodia pode ser harmonizada com acorde diferente não só pela rearmonização funcional já estudada, mas também por uma série estendida de dominantes.

2 Elaboração

1 Escolher o ponto de impacto (PI): nota melódica em final de frase ou lugar acentuado.

Tristeza (2ª estrofe)   *Haroldo Lobo e Niltinho*

harmonia original   E♭m7   A♭7   D♭7M   PI

O PI é harmonizado com o acorde original D♭7M ou seu substituto B♭m7 com a mesma função.

2 Trabalhando a partir do PI, em sentido retrógrado, harmonizar cada nota melódica como dominante para o acorde seguinte:

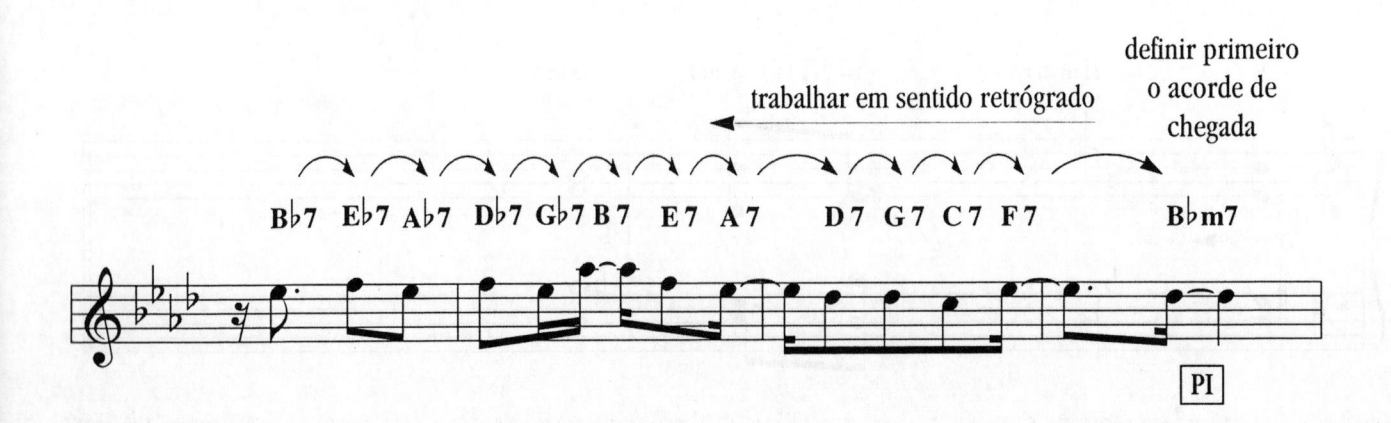

trabalhar em sentido retrógrado   definir primeiro o acorde de chegada

B♭7 E♭7 A♭7 D♭7 G♭7 B7 E7 A7   D7 G7 C7 F7   B♭m7

PI

Observemos que qualquer acorde dominante serve para harmonizar uma nota melódica dada, desde que esta não forme intervalo de 4J nem 7M com o acorde. Tomemos a nota melódica **dó** como exemplo:

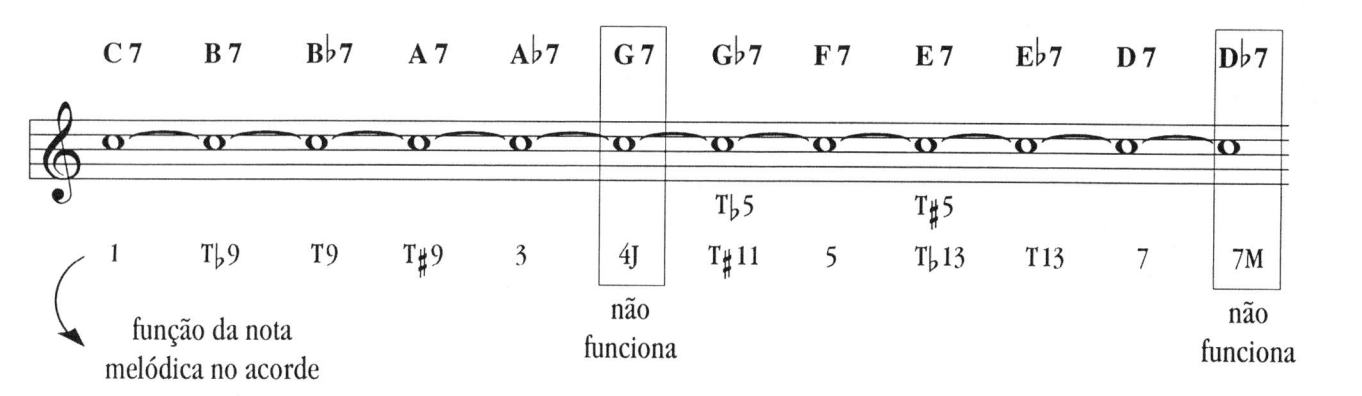

C7	B7	B♭7	A7	A♭7	G7	G♭7	F7	E7	E♭7	D7	D♭7
1	T♭9	T9	T♯9	3	4J	T♭5 / T♯11	5	T♯5 / T♭13	T13	7	7M

função da nota melódica no acorde — não funciona (G7) — não funciona (D♭7)

Se a melodia for 4J do acorde, ele é transformado em dom $^{7}_{4}$:

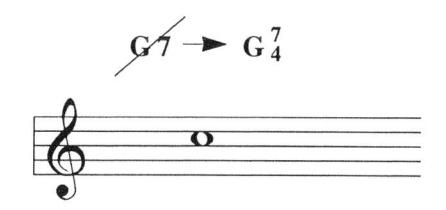

$$G7 \rightarrow G^{7}_{4}$$

Se for 7M do acorde, ele é substituído pelo dominante substituto (trítono abaixo) e transformado em dom $^{7}_{4}$:

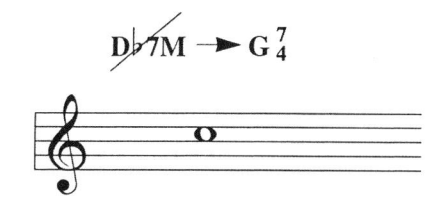

$$D♭7M \rightarrow G^{7}_{4}$$

Assim, os dois choques entre melodia e harmonia são eliminados:

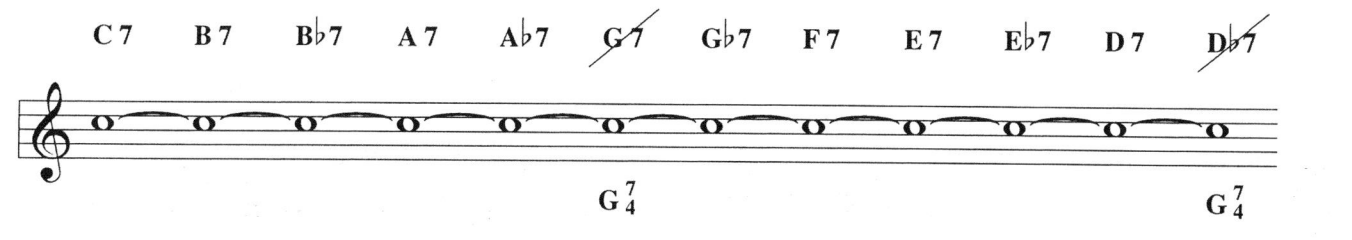

C7	B7	B♭7	A7	A♭7	~~G7~~	G♭7	F7	E7	E♭7	D7	~~D♭7~~
					G^{7}_{4}						G^{7}_{4}

3 Fazer as substituições da página 92, onde melodia formar 4J ou 7M com a fundamental do acorde:

Bb^7_4 Ab^7_4

4 Voltando ao exemplo da melodia **dó**, verificamos que cada acorde dom7 pode ser substituído pelo dom7 trítono abaixo (dominante substituto):

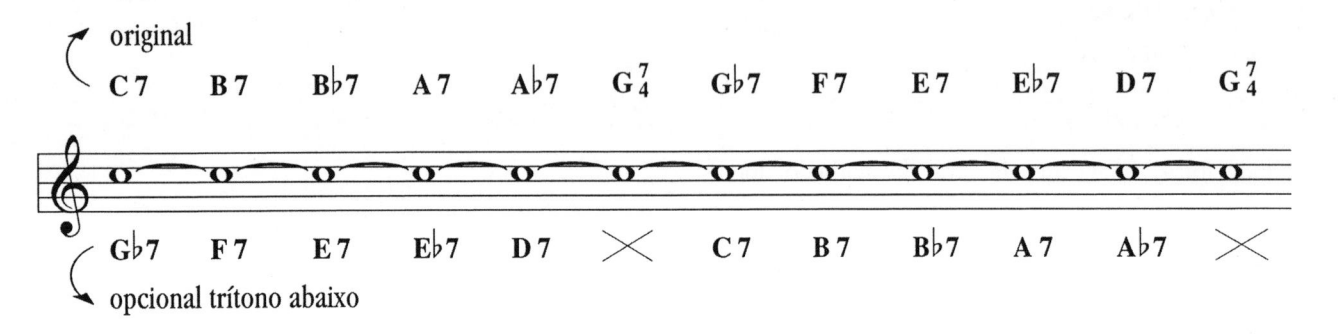

↱ original
C7   B7   Bb7   A7   Ab7 G^7_4 Gb7   F7   E7   Eb7   D7 G^7_4

Gb7   F7   E7   Eb7   D7   ✗   C7   B7   Bb7   A7   Ab7   ✗
↳ opcional trítono abaixo

Normalmente se opta pelo acorde que forme menos dissonância com a melodia (uma vez que o som dessa técnica já é bastante estranho devido à grande atividade harmônica). Assim sendo, comparemos a função melódica com ambos dom7 disponíveis para escolhermos a relação intervalar mais suave:

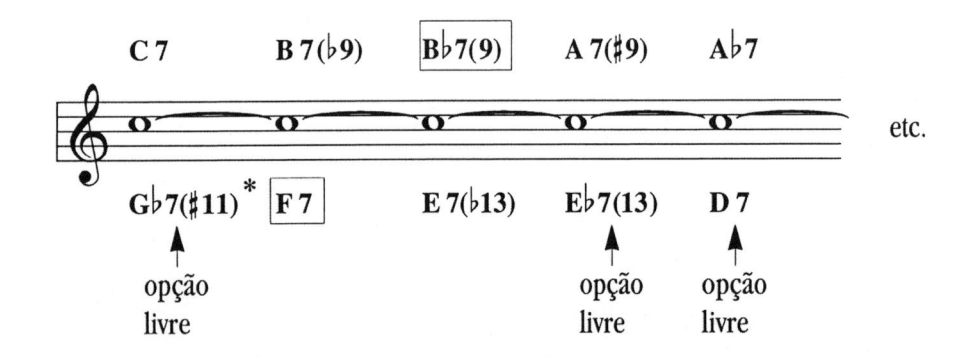

C7   B7(b9)   **Bb7(9)**   A7(#9)   Ab7   etc.

Gb7(#11)*   **F7**   E7(b13)   Eb7(13)   D7
   ↑   ↑   ↑
 opção   opção   opção
 livre   livre   livre

* #11 em dom substituto não soa dissonante, por ser a fundamental do acorde ao qual substitui

Em vista disso, efetuar as substituições no trecho de nosso exemplo:

Bb^7_4 Eb7 Ab7   Db7 ~~Gb7~~ B7   ~~E7~~ ~~A7~~ Ab^7_4 ~~G7~~ C7 F7   Bbm7

                 C7 F7   Bb7 Eb7   Db7

5 Para dar o acabamento final à harmonização, transformemos algumas estruturas dom7 em m7 se isso resultar em som mais suave:

Ao transformar dom7 em m7, criamos jogos com IIm7 cadenciais (vide Capítulo "Dominantes estendidos", volume II, página 40)

Fm7　Bb7　　　Dbm7　C7　　no exemplo acima.

6 Agora é só realizar o naipe, a 4 ou 5 vozes em bloco, em qualquer técnica mecânica ou livre, escolhendo as sonoridades mais plenas, evitando notas adicionais dissonantes. Observe a técnica da posição espalhada na realização a seguir. Ela destaca a linha do baixo na última voz, trazendo em evidência que ela só se movimenta, na rearmonização por dominantes estendidos, por intervalos de 5J ou 1/2 tom descendente.

Tristeza

Haroldo Lobo e Niltinho

[faixa 70]

B♭m7 D♭7 G♭7 B 7 B♭7/4 A 7 A♭m7 D♭7 C7/4
PI
PI
aproximação estrutura constante
B♭7/4 A♭7/4 G7/4 G♭7 F 7
B♭m7 E♭7 D m7 D♭7 C 7 F7/4 B♭7 E♭7 D 7 D♭6
PI
A♭7 D♭m7 C 7 B m7 B♭7 A 7 A♭7
PI

D ♦ REARMONIZAÇÃO MODAL

1 A música modal

Enquanto a música *tonal* tem a harmonia feita de acordes preparatórios (dominantes) e suas resoluções,

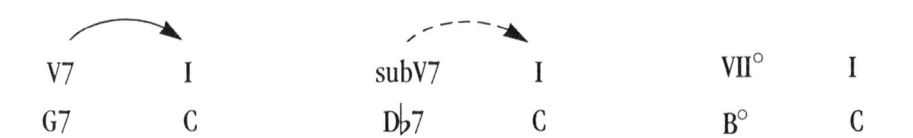

V7	I	subV7	I	VII°	I
G7	C	D♭7	C	B°	C

a música *modal* não classifica seus acordes em funções (dominante-subdominante-tônica), mas utiliza livremente, em sua harmonia ou polifonia*, as notas da própria melodia. A música modal é feita por *algumas* notas determinadas entre toda a gama de notas. Essas notas podem ser organizadas a partir de três tipos de fontes.

1 O uso das 7 notas naturais ou parte delas gera o *modalismo natural*. Utilizando, por exemplo, **dó-ré-mi-fá-sol-lá-si**, os modos naturais são

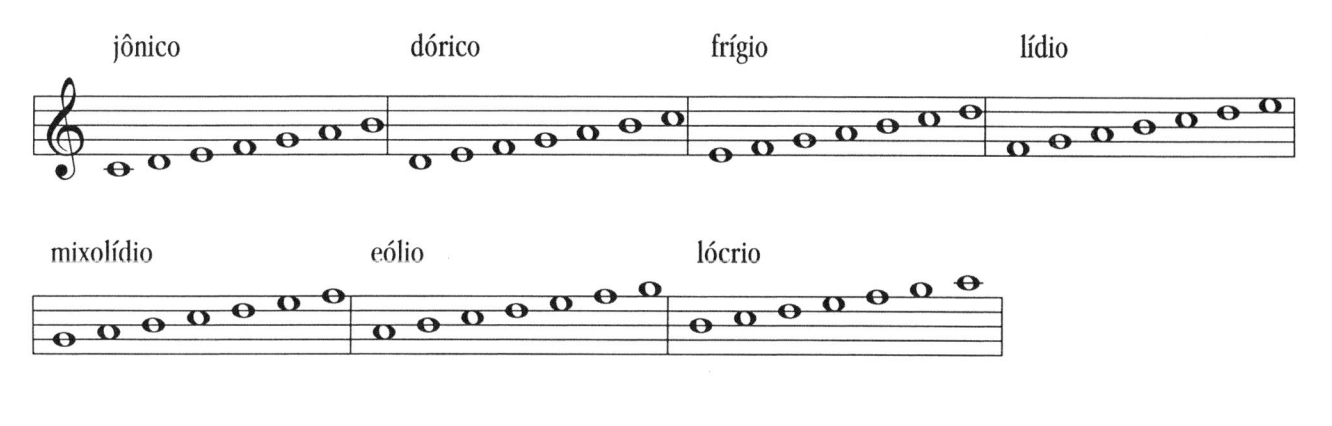

jônico   dórico   frígio   lídio

mixolídio   eólio   lócrio

ou parte delas

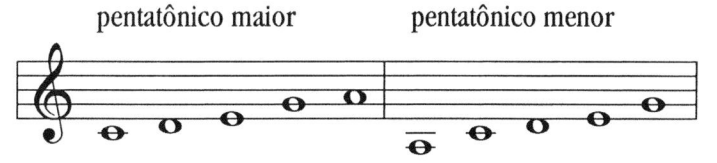

pentatônico maior   pentatônico menor

ou outras notas extraídas.

2 *Modalismo folclórico* trabalha com modos consagrados e encontrados nas músicas folclóricas de diferentes povos:

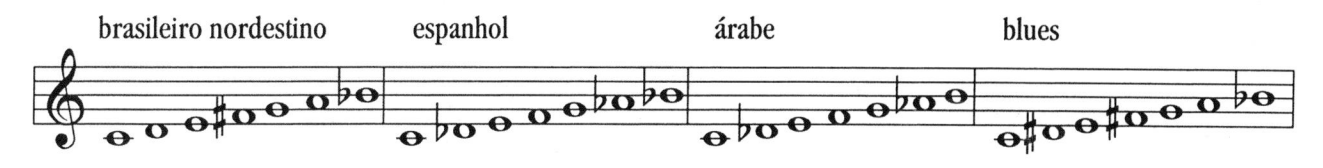

brasileiro nordestino   espanhol   árabe   blues

* melodias simultâneas

3 *Modos sintéticos* são criados livremente:

A escola Impressionista, Debussy e Ravel, entre outros, criou modos *simétricos*, dividindo a oitava em intervalos regulares. São também sintéticos:

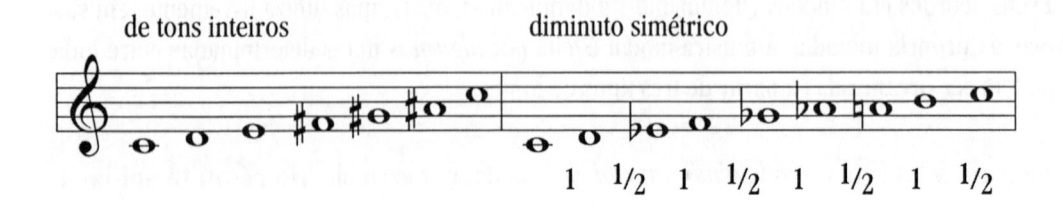

de tons inteiros   diminuto simétrico

1   ½   1   ½   1   ½   1   ½

2 | Modalismo natural

Os modos naturais são do tipo *maior* ou *menor*, determinado pelo 3º grau do modo. O modo jônico serve de *modelo* para os modos do tipo maior e o eólio, para o tipo menor. Os demais modos, quando comparados com o respectivo modelo homônimo (mesma nota fundamental), apresentam nota diferente, chamada nota característica (NC) do modo. Para efeito de comparação entre as estruturas, os modos a seguir, homônimos*, são construídos sobre a nota **dó**.

* Tal como acontece entre os tons maiores e menores, os modos entre si podem ser *homônimos*, quando construídos sobre a mesma tônica com armaduras diferentes, e podem ser *relativos*, quando apresentam as mesmas sete notas sobre diferentes tônicas. (Observe que a *tônica* do tonalismo corresponde ao *centro modal* do modalismo. Entretanto, para maior simplicidade, adotaremos aqui o termo *tônica* para designar o centro modal.)

Modos tipo maior (3º grau maior):

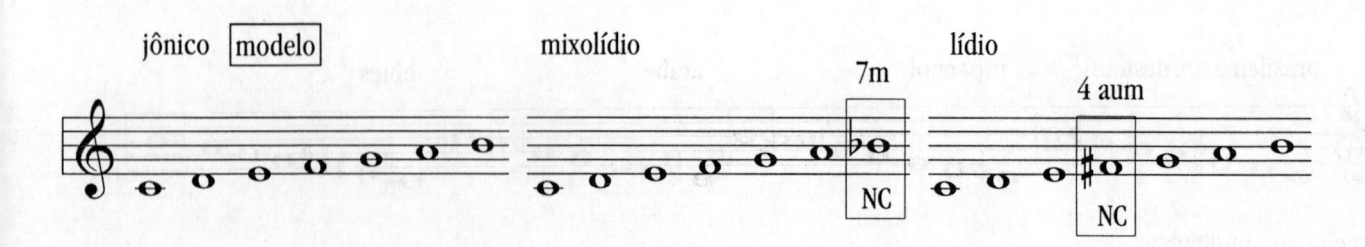

jônico modelo   mixolídio   lídio
                                         7m   4 aum
                                         NC   NC

Modos tipo menor (3º grau menor):

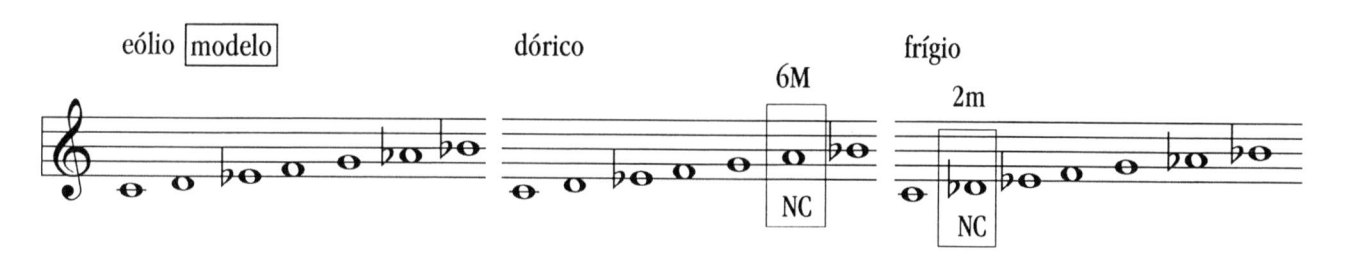

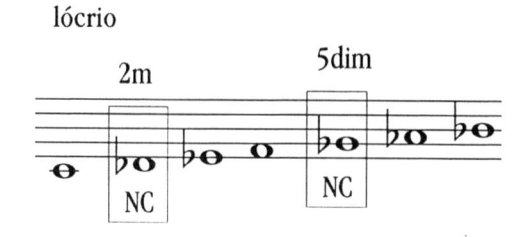

eólio [modelo]   dórico   frígio

lócrio

A música em modo natural utiliza, em sua melodia e harmonia, as notas definidas pela armadura. O baixo mais freqüente, ouvido na harmonia, estabelece a tônica. A nota característica (NC) estabelece o modo. (Na ausência de harmonia ou de insistência de nota grave, a nota mais freqüente na melodia definirá a tônica.)

Exercício 34 Dê o nome dos modos em que as progressões foram feitas.

a.

| Cm | F | Cm |

b.

| Cm | B♭m | Cm |

c.

| C | Gm | C |

d.

| C | D | C |

e.

| Cm | E♭ | D♭ | Cm |

f.

| C | G7M | C |

g.

| C | Am7 | B♭7M | C |

h.

| Cm | B♭7M | Cm |

3 Rearmonização em modo natural

Rearmonização modal é aplicada principalmente na música tonal. Modificará radicalmente o som original, já que a harmonia é a grande responsável pelo som tonal ou modal de uma determinada melodia. (Obviamente, a harmonia original será ignorada.)

Em qualquer tipo de rearmonização modal, o modo escolhido deve incluir as notas melódicas do referido trecho, acrescidas ou não de outras notas. A rearmonização em modo natural só se aplica quando a melodia puder ser extraída de um modo natural.

- Rearmonização no modo que conserva a tônica e a armadura do tom original

O trecho de *Sonho de um carnaval*, de Chico Buarque, traz sua harmonia tonal original:

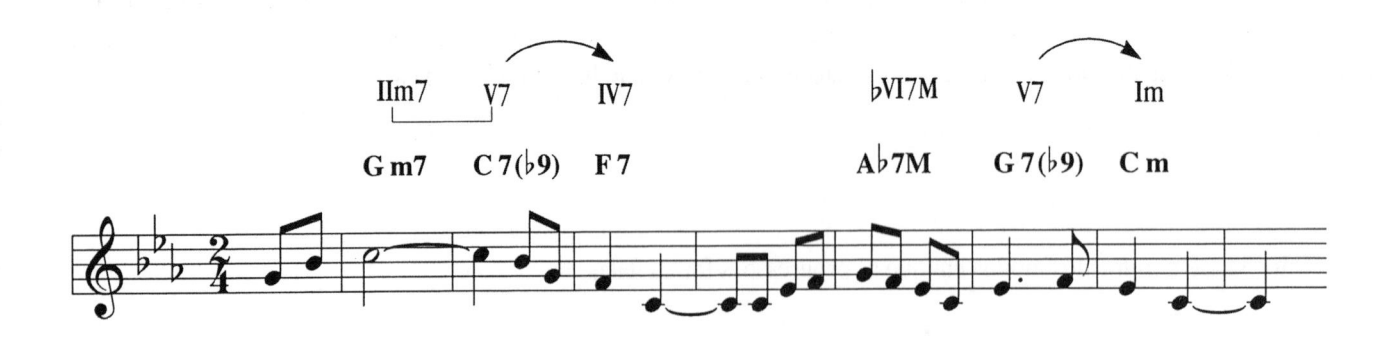

[Partitura com cifras: IIm7 V7 IV7 / ♭VI7M V7 Im — Gm7 C7(♭9) F7 / A♭7M G7(♭9) Cm]

Convém notar que esta melodia, pura e simples, é modal em si mesma (sua beleza independe de harmonia, com opções infindáveis para harmonização), sendo sua harmonia tonal um produto de linguagem de música popular.

Conservando a armadura e a tônica (**dó menor**), o modo **dó eólio** servirá de rearmonização, todas as notas melódicas incluídas nele:

[Partitura com cifras: Cm B♭/D A♭/E♭ Fm A♭ E♭/G Cm]

Observe: a harmonia é também extraída do mesmo modo.

- **Rearmonização no modo de tônica diferente e armadura igual à do tom original**

Os modos com armadura de 3♭ são disponíveis para a rearmonização: **mi♭** jônico, **fá** dórico, **sol** frígio, **lá♭** lídio, **si♭** mixolídio, **dó** eólio (já utilizado) e **ré** lócrio. Escolhemos **lá♭** lídio:

[partitura com cifras: A♭ Gm/B♭ A♭/C E♭7M/B♭ Cm/A♭ B♭/A♭ A♭]

Em relação à tônica **lá♭** estabelecida, a NC será a 4 aum do modo, a nota **ré**, que só aparece na harmonia. Foi exclusivamente a harmonia que estabeleceu o modo **lá♭** lídio, do qual a melodia faz parte.

- **Rearmonização no modo que conserva a tônica e muda a armadura do tom original**

Observemos que a melodia só utiliza 5 notas:

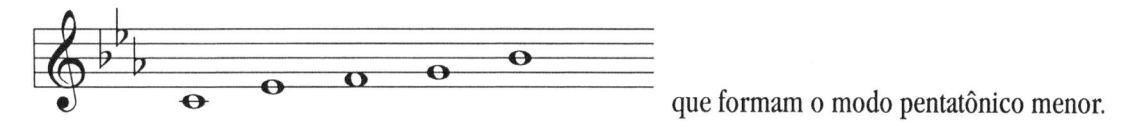

[partitura com 5 notas] que formam o modo pentatônico menor.

Já que as notas **ré** e **lá♭** não existem, a estrutura de **dó menor natural** (ou **dó eólio**) não ficou definida, o que nos permite o uso alternativo de **ré♭**/**ré♮** e **lá♭**/**lá♮**. Logo, as armaduras

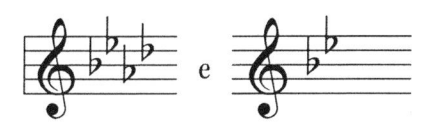

[armaduras de 4♭ e 1♭] e

são disponíveis, com todos os seus modos relativos:

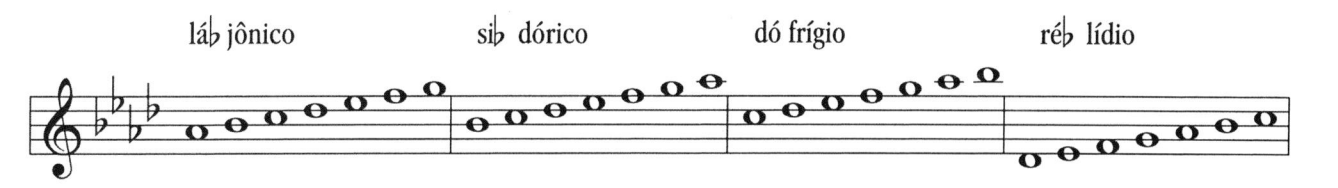

lá♭ jônico   si♭ dórico   dó frígio   ré♭ lídio

[escalas correspondentes]

mib mixolídio   fá eólio   sol lócrio

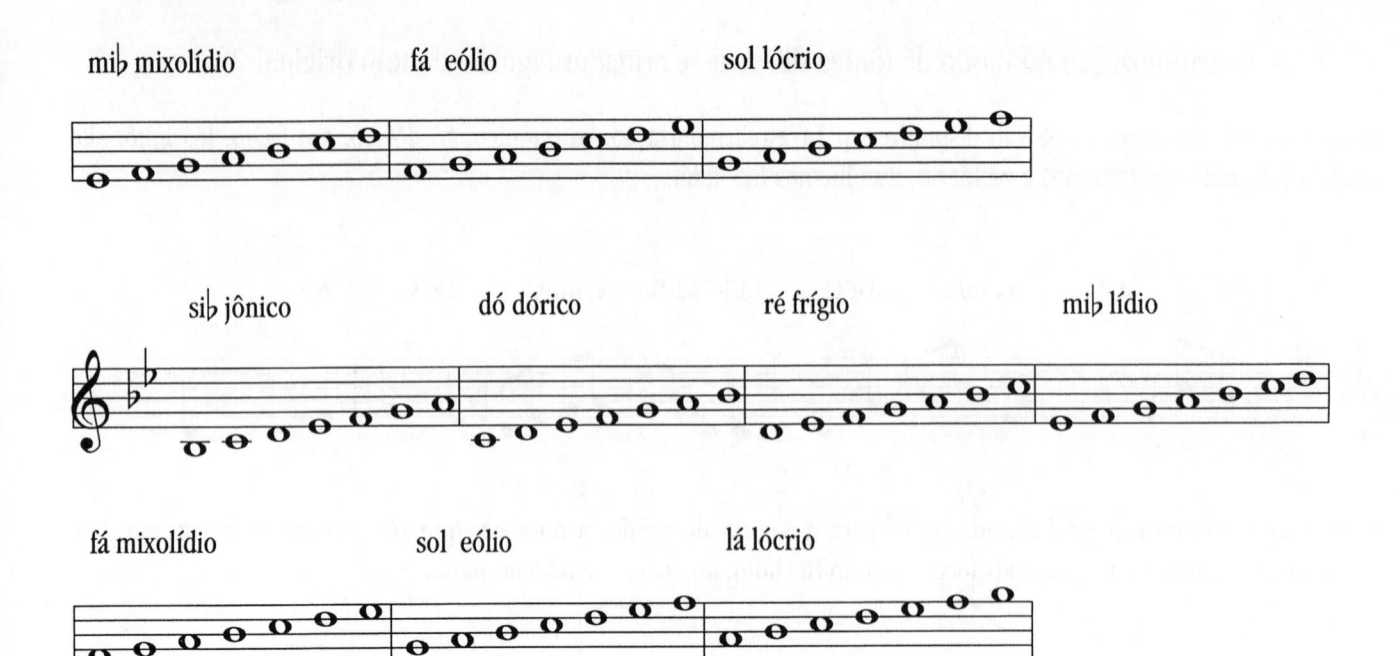

sib jônico   dó dórico   ré frígio   mib lídio

fá mixolídio   sol eólio   lá lócrio

Em todos esses modos constará, ainda, a melodia. Escolhemos um com a tônica original (entre **dó frígio** e **dó dórico**):

| Cm | Cm/Bb | F/A | Dm | Eb | F | Cm |

(A presença de **ré** e **lá** na harmonia, com tônica **dó**, resultou em **dó dórico**.) A mistura do **dó dórico** e **dó eólio** também soará bem:

| F/C | Eb/C | Bb/C | Ab/Bb | F/A | Ab6 | Cm |

Observe o ótimo efeito do baixo pedal (nota do baixo prolongado) em harmonia modal.

- Rearmonização no modo de tônica e armadura diferentes do tom original

Diversificar a tônica e também a armadura resultará no som mais "distante" do original (toque o original para comparar):

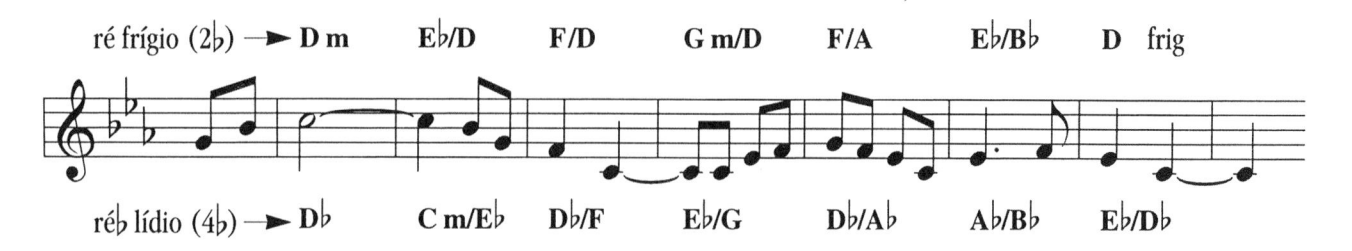

ré frígio (2♭) → D m   E♭/D   F/D   G m/D   F/A   E♭/B♭   D frig

ré♭ lídio (4♭) → D♭   C m/E♭   D♭/F   E♭/G   D♭/A♭   A♭/B♭   E♭/D♭

Observe ainda: – as linhas do baixo e conseqüentes inversões são gratificantes em modalismo
– cifra D frig indica "som frígio" de **ré**. Eis alguns exemplos de realização de *cifras modais*:

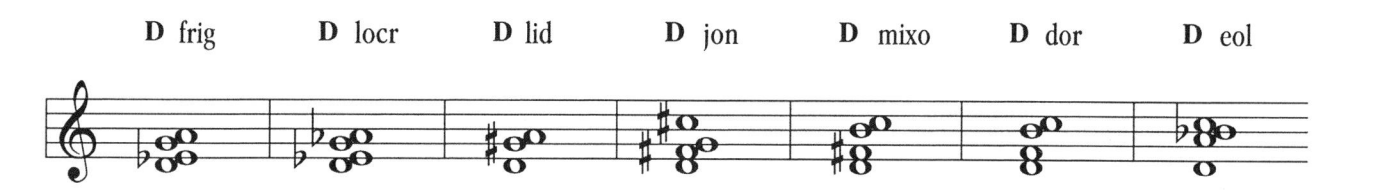

D frig   D locr   D lid   D jon   D mixo   D dor   D eol

4 Rearmonização em modo sintético

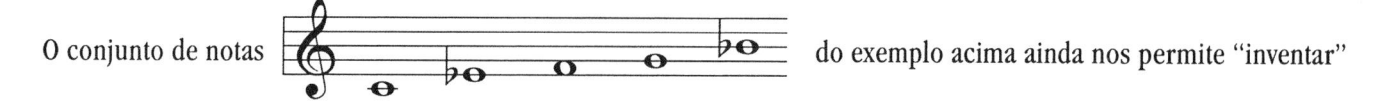

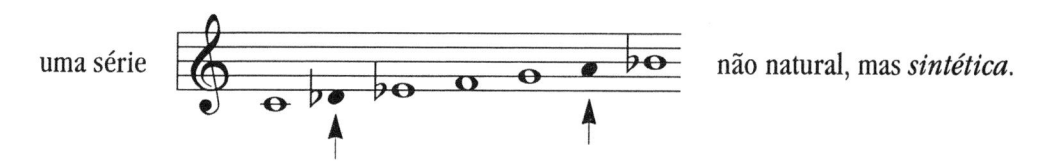

O conjunto de notas ... do exemplo acima ainda nos permite "inventar"

uma série ... não natural, mas *sintética*.

Essas notas geram várias cifras:

Cm6   Cm7   D♭7M(♯5)   E♭7   E♭6   F7   Gm7(♭5)   Am7(♭5)   B♭m(7M)   B♭m6   etc

Elas podem formar progressão para harmonizar o nosso tema, com base do modo sintético acima.

[partitura: B♭m(7M) B♭m6   Am7(♭5) Gm7(♭5) D♭7M(♯5) E♭6   F7]

Experimente acrescentar um baixo pedal, por exemplo **fá**, em cada acorde. Assim, o centro modal **fá** fica caracterizado. A escolha do pedal é livre. Se o pedal do baixo for nota estranha à escala, o som da harmonia será mais "exótico".

5 Bimodalismo

É de ótimo efeito usar dois modos inteiramente diferentes ao mesmo tempo, um sendo gerado pelas notas melódicas como até aqui temos feito e o outro, em função de acompanhamento harmônico ou melódico, inventado de tal forma que ele tenha poucas ou nenhuma nota comum com o primeiro modo. Aqui estão duas sugestões, entre várias outras possibilidades:

1 A melodia forma um modo (com ou sem notas complementares) e a harmonia outro, de notas e tônica diferentes, modos naturais ou sintéticos:

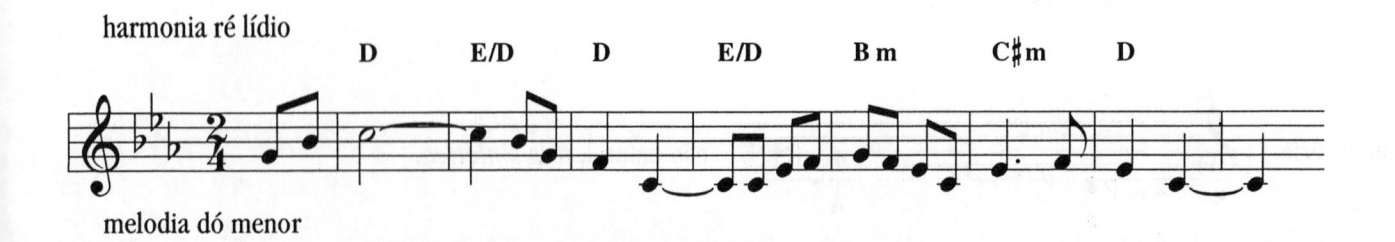

[partitura: harmonia ré lídio — D E/D D E/D Bm C♯m D ; melodia dó menor]

ré lídio (armadura 3♯) e **dó menor** (armadura 3♭) são feitos de notas muito diferentes. O número de notas diferentes também poderia ser menor.

2 A melodia e sua harmonia formam um modo natural ou sintético e é criado um contracanto num modo inteiramente diferente. Na linguagem modal, qualquer harmonia ou rearmonização pode ser representada por um contracanto feito no modo escolhido, ou ainda por *ostinato*, que oferece riqueza rítmica. A cifragem da rearmonização pode ainda ser o ponto de partida para a elaboração *em bloco* de um naipe.

melodia e harmonia formando **dó eólio** (foi a primeira rearmonização):

contracanto **mi♭ eólio**

O próximo exemplo é *arranjo elaborado*, com o uso de rearmonizações modais e análise das técnicas empregadas, ao final.

A rã   *João Donato e Caetano Veloso*

faixa 71

flauta em sol
piano

11
D m7(9)
G 7(13)
F m7
B♭7
3
15
E 7(13)
E 7(♭13)
E m7
A 7(♭9)
F 7M
F m6
3
3
19
E 7(13)
E 7(♭13)
E m7
A 7(♭9)
D 7(13)
D 7(♭13)
D m7
G 7(13)
23
A 7M
B♭ lídio
B

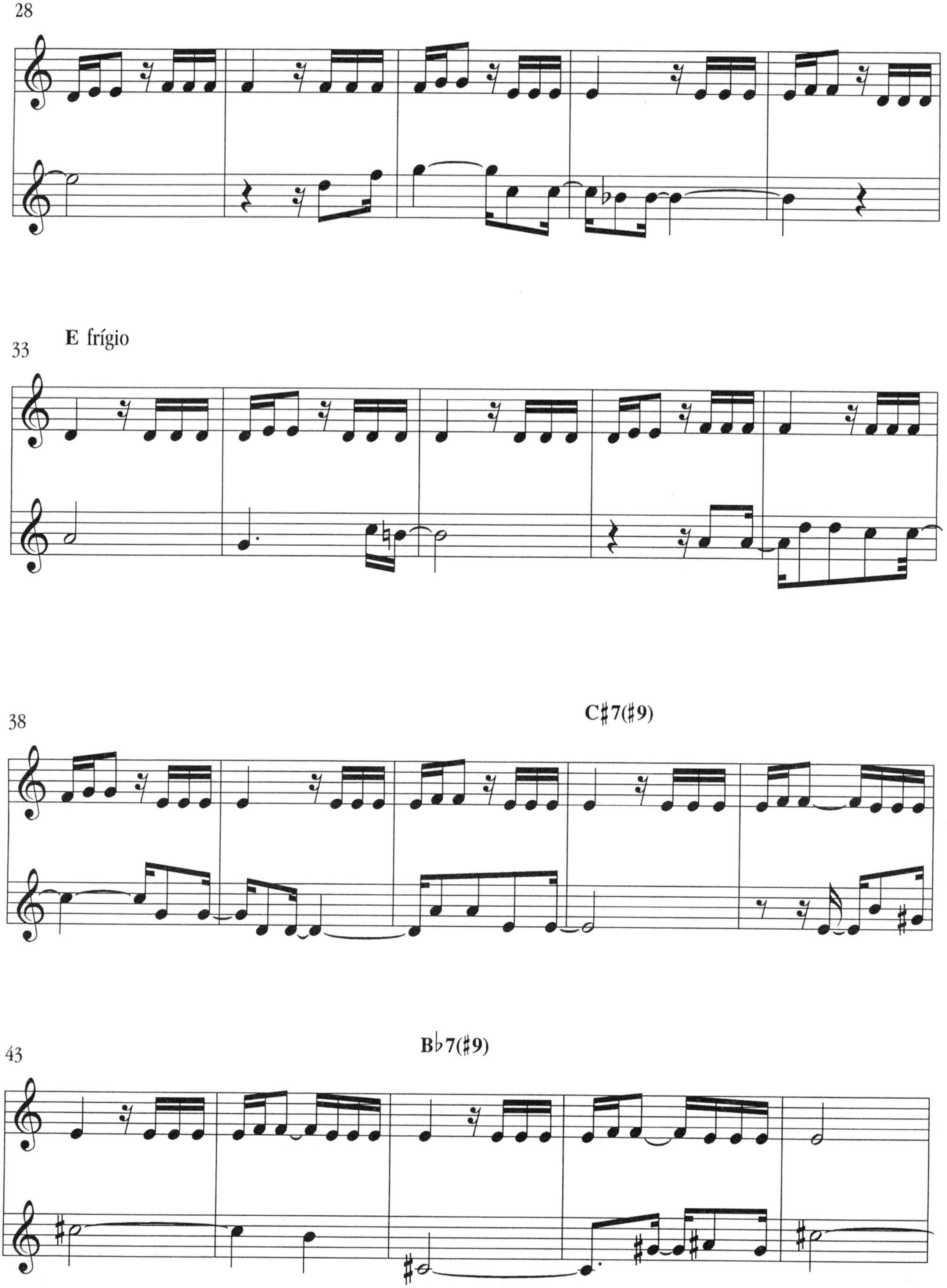
28
33
E frígio
38
C♯7(♯9)
43
B♭7(♯9)

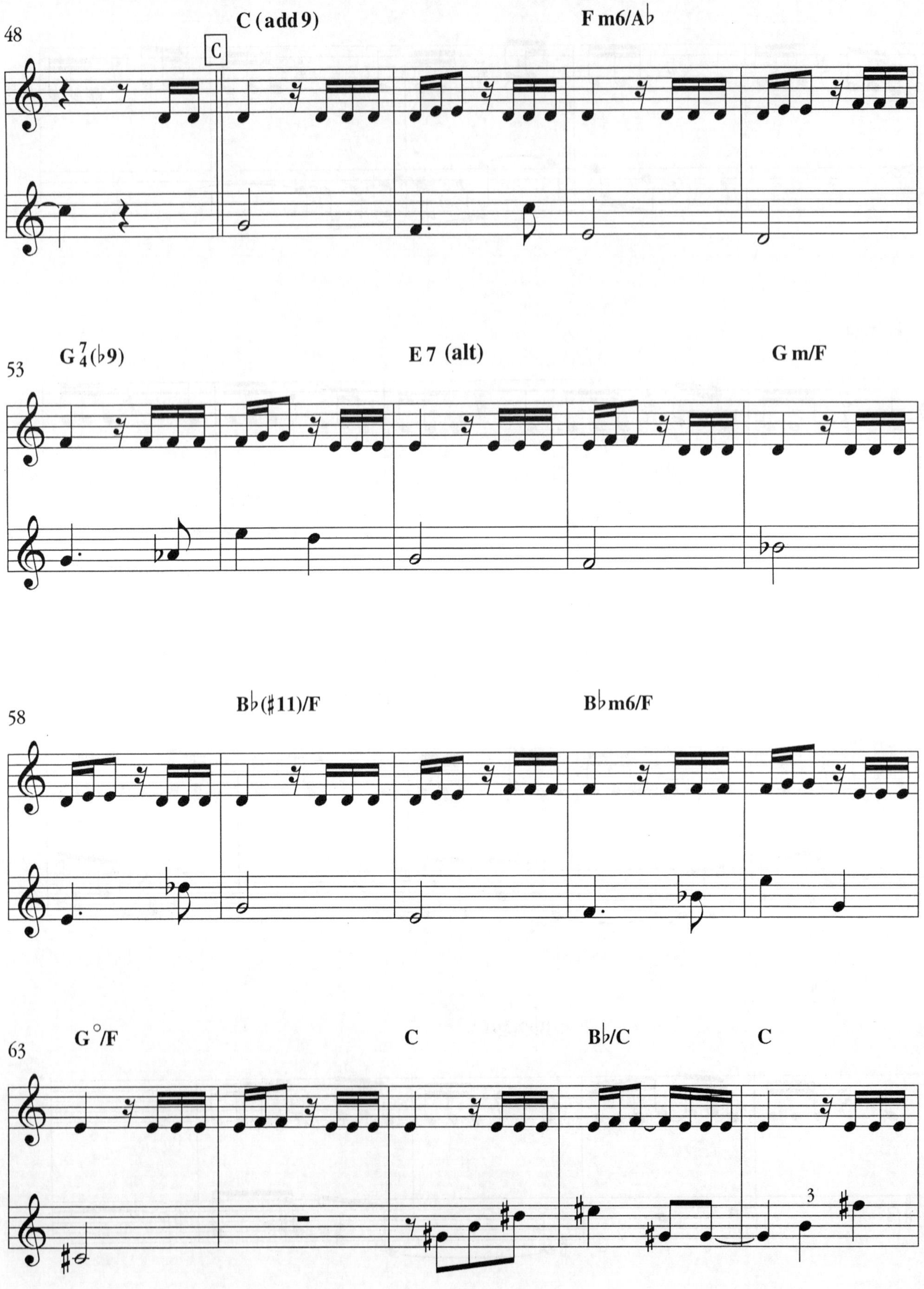
48
C
C (add 9)
F m6/A♭
53
G 7/4(♭9)
E 7 (alt)
G m/F
58
B♭(♯11)/F
B♭m6/F
63
G°/F
C
B♭/C
C
3

A rã, de Donato e Caetano foi uma escolha gratificante para o emprego da rearmonização modal. Sua melodia é feita de quatro notas apenas: **ré - mi - fá - sol**. Essa "economia" de notas permite o uso de grande quantidade de modos, naturais e sintéticos. Ritmicamente, toda a música é criada com a célula única ♫ | ♩ 𝄽 ♫♫ | ♫♫ e isso favorece o desenvolvimento e a intensificação de climas e dissonâncias e valoriza o contracanto.

O arranjo trabalha com as melodias (canto e contracanto) em uníssono, formando texturas modais complementadas pela harmonia. (A realização em bloco também seria possível.)

Análise

O tema é tocado 3 vezes: A B C .

A seção A conserva a harmonia original: modal no início (**ré dórico**) e tonal a partir do compasso 13. O sinuoso contracanto é inspirado em notas que formam tensões ricas com a harmonia tonal.

A seção B é rearmonizada modalmente. É de harmonia simples: cada modo é representado por um único acorde, permitindo voltar a atenção para um contracanto ativo e sincopado.

compassos 25-32 si♭ lídio ➤ armadura original, tônica diferente

compassos 33-40 mi frígio ➤ armadura e tônica diferentes

compassos 41-44 harmonia e contracanto baseados no modo sintético:

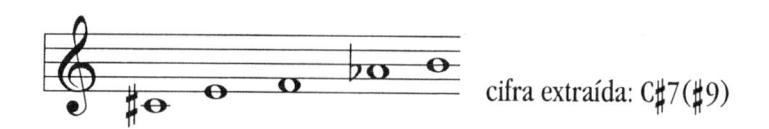

cifra extraída: C♯7(♯9)

compassos 45-48 harmonia e contracanto baseados no modo sintético:

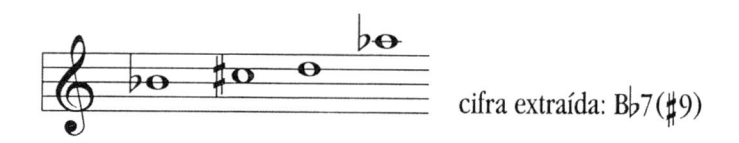

cifra extraída: B♭7(♯9)

enquanto a melodia insiste em

e ganha função cada vez mais rica no contexto.

A seção C é o clímax do arranjo. Aumenta a atividade harmônica e gradualmente a dissonância. O contracanto tem mais a função de engrossar o timbre do que cantar independente.

compassos 49-56 harmonia e contracanto extraídos do modo sintético:

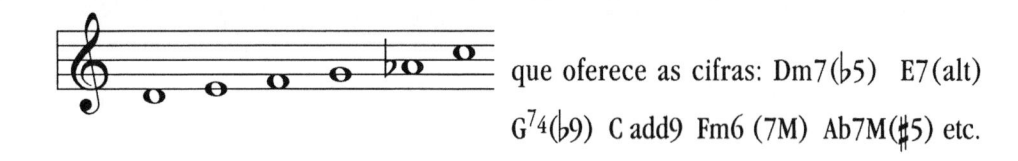

que oferece as cifras: Dm7($\flat$5)   E7(alt)

$G^{74}(\flat 9)$ C add9   Fm6 (7M)   Ab7M($\sharp$5) etc.

compassos 57-64 harmonia e contracanto extraídos do modo sintético:

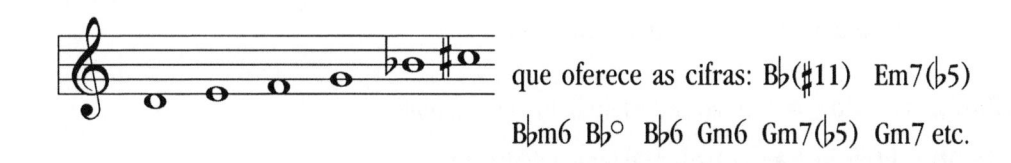

que oferece as cifras: B$\flat$($\sharp$11)   Em7($\flat$5)

B$\flat$m6   B$\flat°$ B$\flat$6   Gm6   Gm7($\flat$5)   Gm7 etc.

compassos 65-68 bimodal: melodia e harmonia em **dó mixolídio**, contracanto em **sol# dórico**

compassos 69-70 bimodal: melodia e harmonia em **lá eólio**, contracanto em **fá# lídio**

compassos 71-72 bimodal: melodia e harmonia em **lá maior**, contracanto em **sol eólio**.

6 Rearmonização modal em blues

A seqüência harmônica blues tradicional

```
| I7                              | IV7              | V7   IV7   I7       |
| F7  /.  /.  /. | Bb7 /.  F7  /. | C7  Bb7 F7  /. :||
```

pode ser concebida sobre um único modo blues completo (em C7, 9aum substitui 3):

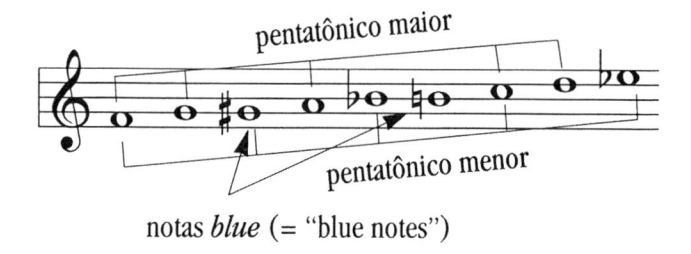

pentatônico maior
pentatônico menor
notas *blue* (= "blue notes")

Pode também, a cada grau, ser dado um modo blues mais simples como um modo independente:

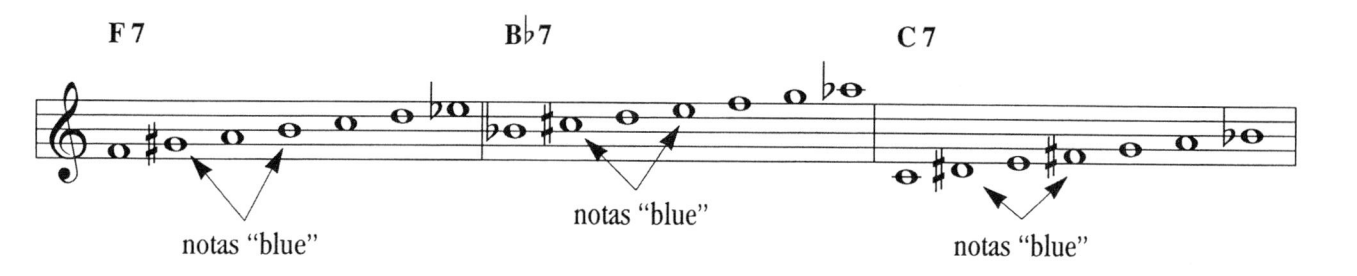

F7 — notas "blue"
Bb7 — notas "blue"
C7 — notas "blue"

Em sua rearmonização, cada acorde pode ser substituído por uma pequena cadência dórica, por exemplo Im IV (com pedal tônica), formando modos dóricos independentes

1. 5J acima: F7 ⟶ Cm F/C
          Bb7 ⟶ Fm Bb/F
          C7 ⟶ Gm C/G

2. 6M acima: F7 ⟶ Dm G/D
          Bb7 ⟶ Gm C/G
          C7 ⟶ Am D/A

3. em seu próprio lugar: F7 → Fm B♭/F

　　　　　　　　　　　　　B♭7 → B♭m E♭/B♭

　　　　　　　　　　　　　C7 → Cm F/C

3ª rearmonização	F m	B♭/F			
2ª rearmonização	D m	G/D	∕.	∕.	∕.
1ª rearmonização	C m	F/C			
original	F 7				

3ª	B♭m	E♭/B♭		F m	B♭/F
2ª	G m	C/G	∕.	D m7	G/D	∕.
1ª	F m	B♭/F		C m7	F/C
original	B♭7			F 7	

3ª	C m	F/C	B♭m	E♭/B♭	F m	B♭/F
2ª	A m	D/A	G m	C/G	D m	G/D	∕.
1ª	G m	C/G	F m	B♭/F	C m	F/C
original	C 7		B♭7		F 7	

E ◆ REARMONIZAÇÃO POR PRIORIDADE DE LINHAS E DE INTERVALOS

1 Conceito

Para rearmonizar melodias em bloco, nota por nota, existem ainda critérios diferentes da rearmonização funcional e do emprego de dominantes estendidos, vistos nas divisões B e C deste capítulo.

A maioria se baseia na prioridade de uma ou mais linhas melódicas que se estabelece por baixo da melodia, na mesma articulação rítmica.

Quando se cria uma só linha proritária, ela formará com a melodia principal uma textura horizontal que permite o emprego de *quaisquer* acordes; basta que eles incluam as notas de ambas as melodias. As cifras selecionadas apenas se justificam pelas duas linhas melódicas como vínculo entre elas, para garantir a continuidade harmônica. Finalmente as notas das cifras são distribuídas para formar as demais vozes do bloco.

Quando mais linhas são criadas, não se trabalha com cifras, o bloco está completo.

A prioridade ainda pode ser a riqueza da relação entre melodia e harmonia.

Essas rearmonizações, muito ricas em dissonância, afastam a melodia da linguagem tonal ou modal. Não são acompanhadas de harmonia-base e não são anotadas com armadura de clave.

Demonstraremos as técnicas neste trecho de *O nosso amor* de Tom Jobim e Vinicius de Moraes

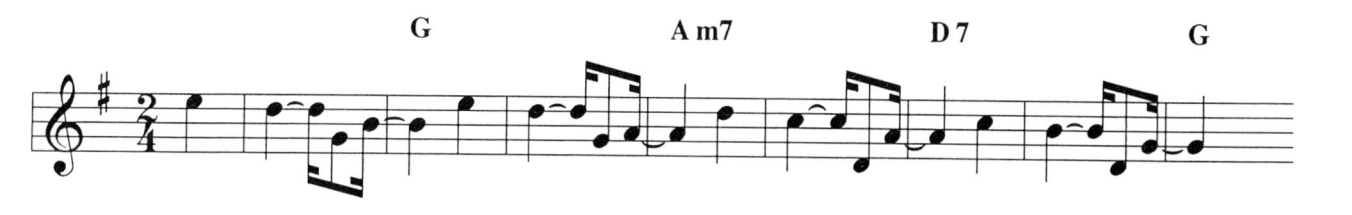

2 Intervalo constante

■ Linha em intervalo constante com a melodia

1º passo Criar a 2ª *ou* 3ª voz que forme um intervalo constante com a melodia.

Foi criada a 3ª voz à 6M de intervalo, prevendo o espaço para a 2ª voz.

2º passo Colocar quaisquer cifras em cada ataque melódico que acomodem as duas melodias como *notas de acorde* (podendo a voz superior eventualmente ser tensão). As cifras não devem andar paralelas com as melodias, para obter funções melódicas diferentes. Procurar cifras adjacentes sem notas repetidas, para criar movimento nas vozes.

G°   Dm7   Eb7M B°   A7   Bb7M   Eb7 C6   B°

Ebm6   Bm7(b5) A°   B7   G6   Bb7 Em7(b5)

Abolimos a armadura, pois o tom **sol maior** não existe mais, exceto sugerido pela melodia, tonalmente forte.

3º passo Distribuir as notas das cifras entre as demais vozes (naipe a 4 vozes, neste caso).

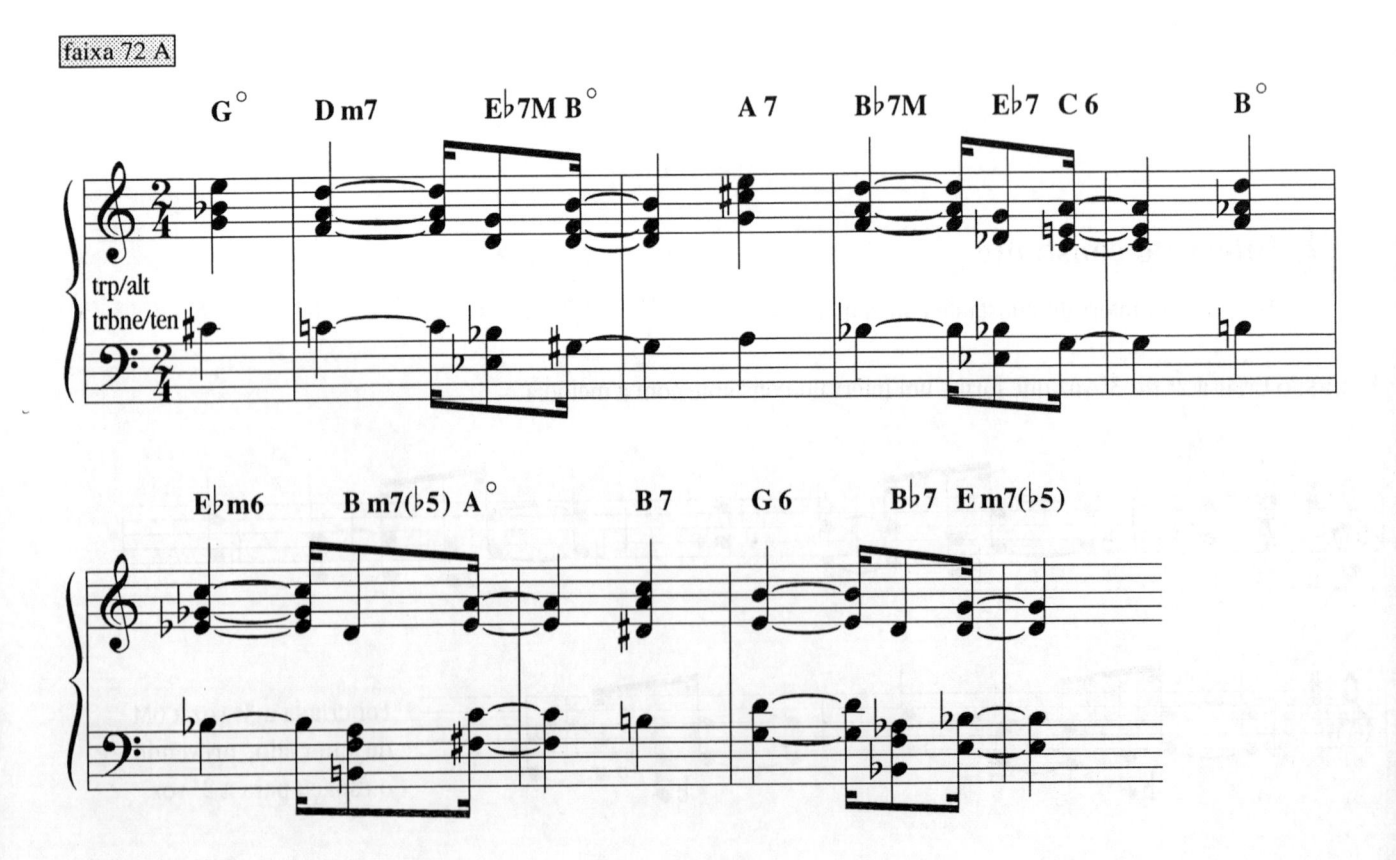

faixa 72 A

G°   Dm7   Eb7M B°   A7   Bb7M   Eb7 C6   B°

trp/alt
trbne/ten

Ebm6   Bm7(b5) A°   B7   G6   Bb7 Em7(b5)

- Acordes em estrutura constante

Criar a 2ª 3ª (4ª) voz em intervalos constantes com a melodia, preferindo estrutura que não se assemelhe aos acordes convencionais (não caberá cifra).

faixa 72 B

A segunda voz foi criada à 4J, a terceira à 7M, a quarta voz à 11♯ abaixo da melodia, criando dissonâncias internas. O recurso resulta em *textura*, não em harmonia.

3 Intervalos variados

- Linha em intervalos seqüenciais com a melodia

1º passo Criar a segunda *ou* terceira voz que forme 2 a 4 intervalos regularmente alternados com a melodia, segundo uma seqüência preestabelecida.

[musical example with intervals: 3M 4J 2M 3M 4J 2M 3M]

Melodia forma frases de 4 notas, seqüência é de 3 para obter diversidade: 3M 4J 2M. O tamanho dos intervalos indica tratar-se da 2ª voz.

2º passo Colocar quaisquer cifras que acomodem as duas melodias. As cifras não devem andar paralelas com a melodia principal. Procurar cifras adjacentes sem notas repetidas.

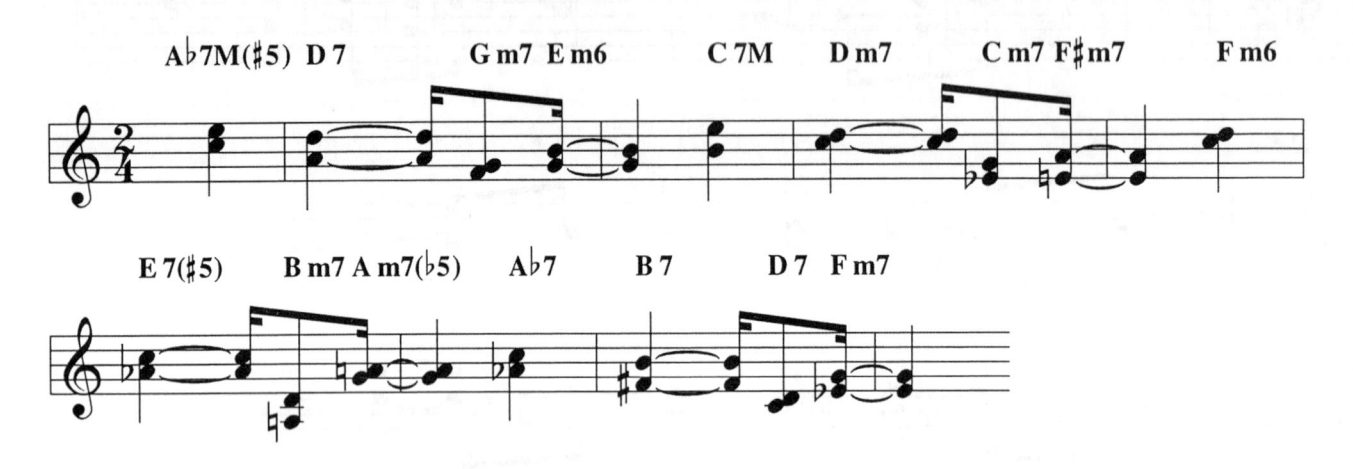

[musical example with chords: A♭7M(♯5) D7 | Gm7 Em6 | C7M | Dm7 | Cm7 F♯m7 | Fm6]

[musical example with chords: E7(♯5) | Bm7 Am7(♭5) | A♭7 | B7 | D7 Fm7]

3º passo Distribuir as notas das cifras entre as demais vozes.

faixa 72 C

[musical example — piano grand staff with chords: A♭7M(♯5) D7 | Gm7 Em6 | C7M | Dm7 | Cm7 F♯m7 — trp/alt, trbne/ten]

[musical example — piano grand staff continued: Fm6 | E7(♯5) | Bm7 Am7(♭5) | A♭7 | B7 | D7 Fm7]

Observe algumas tensões harmônicas para evitar nota repetida.

Acordes em estruturas seqüenciais

Criar a 2ª 3ª (4ª) voz em intervalos regularmente alternados com a melodia, usando seqüências preestabelecidas e diferentes para cada acoplamento.

faixa 72 D

interv. 2ª voz com melodia	3m	2M	4J	3M	3m	2M	4J	3M
interv. 3ª voz com melodia	6m	5dim	7m	6m	5dim	7m	6m	5dim
interv. 4ª voz com melodia	9m	10M	9m	10M	9m	10M	9m	10M

trp/alt
trbne/ten

3m	2M	4J	3M	3m	2M	4J	3M
7m	6m	5dim 7m	6m	5dim	7m	6m
9m	10M	9m 10M	9m	10M	9m	10M

Seqüências dos intervalos criados com a melodia:

2ª voz ► 3m 2M 4J 3M (formar entre 2ª e 4ª com melodia)

3ª voz ► 6m 5dim 7m (formar entre 5ª e 7ª com melodia)

4ª voz ► 9m 10M (formar entre 9ª e 11ª com melodia)

4 Linha prioritária do baixo

1º passo Criar uma linha livre e melodiosa na região média-grave para ser a última voz, na mesma articulação rítmica da melodia. Dar preferência ao movimento contrário.

2º passo Colocar quaisquer cifras que acomodem as duas melodias (cuidado com LIG – limites de intervalo grave – com o baixo assumido). Não escolher somente cifras em que a linha do baixo seja nota fundamental. Procurar cifras adjacentes sem notas repetidas.

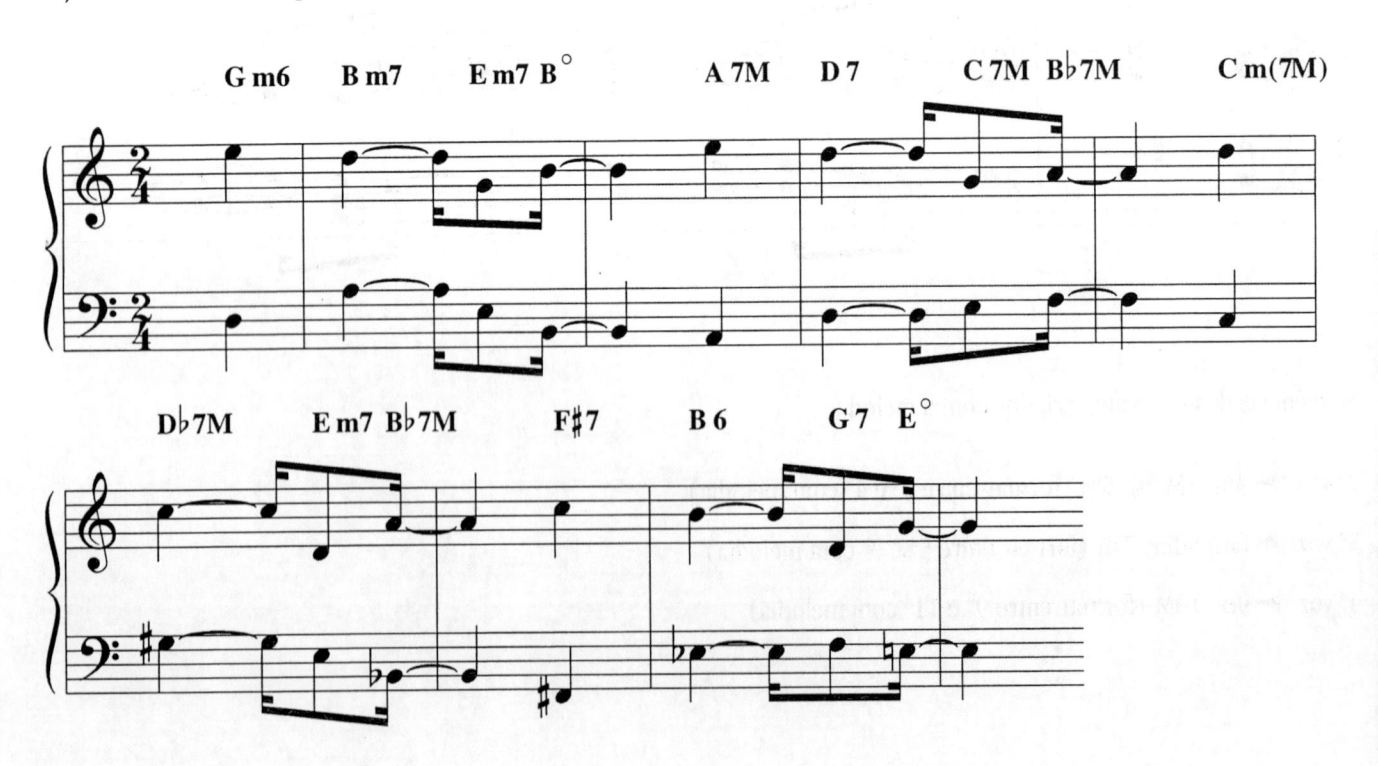

G m6   B m7   E m7 B°   A 7M   D 7   C 7M Bb7M   C m(7M)

Db7M   E m7 Bb7M   F#7   B 6   G 7 E°

3º passo Distribuir as notas das cifras entre as vozes intermediárias.

5 | Tensão melódica prioritária em dom7

1º passo Colocar quaisquer cifras de *estrutura dominante* para cada nota melódica, fazendo a melodia ser nota de tensão alterada.

2º passo Distribuir as notas das cifras entre as vozes. (Não há linha prioritária.)

APÊNDICE

APÉNDICE

Resolução dos exercícios

Exercício 1

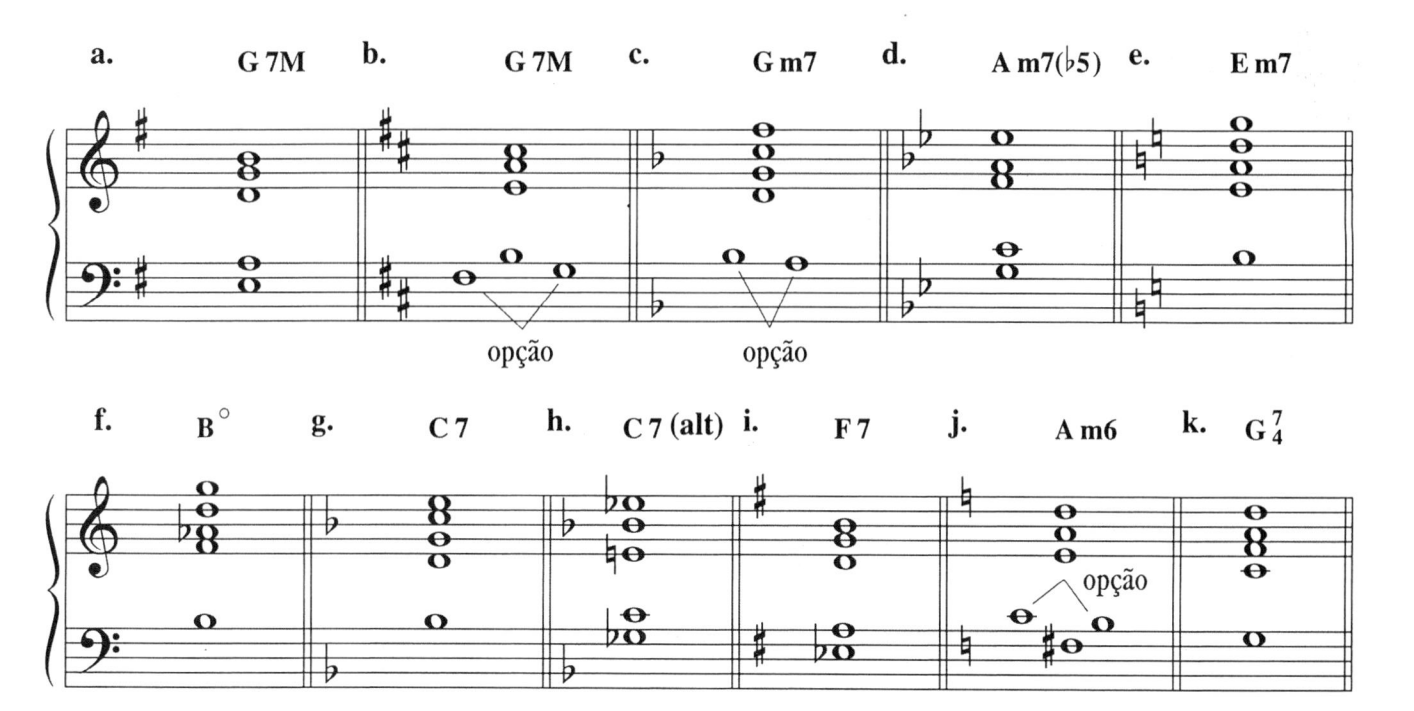

[Partitura com exemplos a-k: a. G 7M, b. G 7M, c. G m7, d. A m7(♭5), e. E m7, f. B°, g. C 7, h. C 7 (alt), i. F 7, j. A m6, k. G 7/4, com indicações de "opção" em b, c e j]

Exercício 2

a. ♭9 vertical entre **lá** e **si♭**
b. 3ª entre as duas vozes inferiores (com **ré** na última voz, estaria correto)
c. 3ª entre a segunda e terceira voz (**sol**, na segunda voz é o correto)
d. não soa o acorde indicado (sem 3ª nem 7ª do acorde; a saída é colocar **mi♭** na última voz, mesmo produzindo intervalo de 3ª entre a 3ª e 4ª voz)

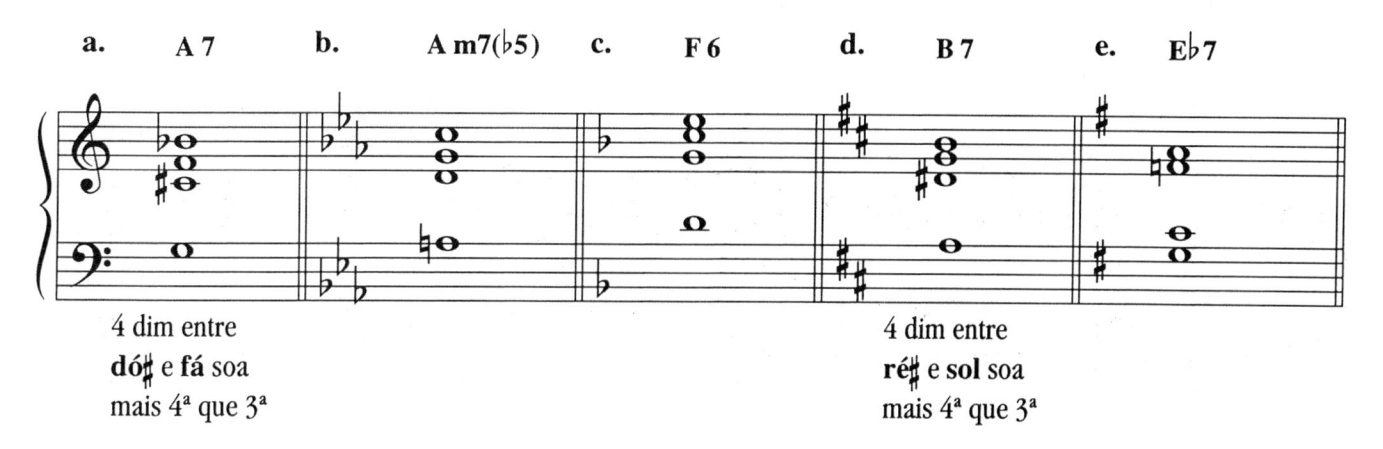

Exercício 3

[Partitura com exemplos: a. A 7, b. A m7(♭5), c. F 6, d. B 7, e. E♭7]

a. 4 dim entre **dó♯** e **fá** soa mais 4ª que 3ª

d. 4 dim entre **ré♯** e **sol** soa mais 4ª que 3ª

Exercício 4

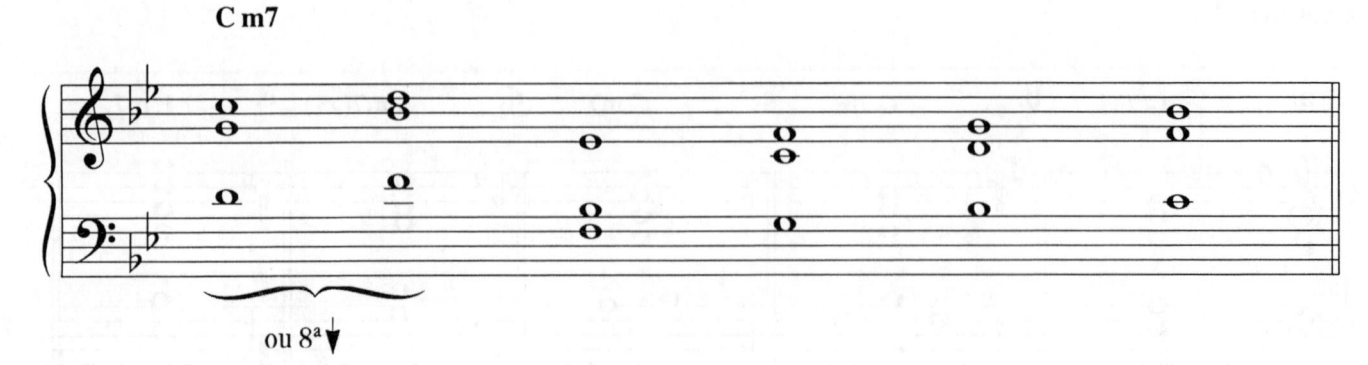

Exercício 5

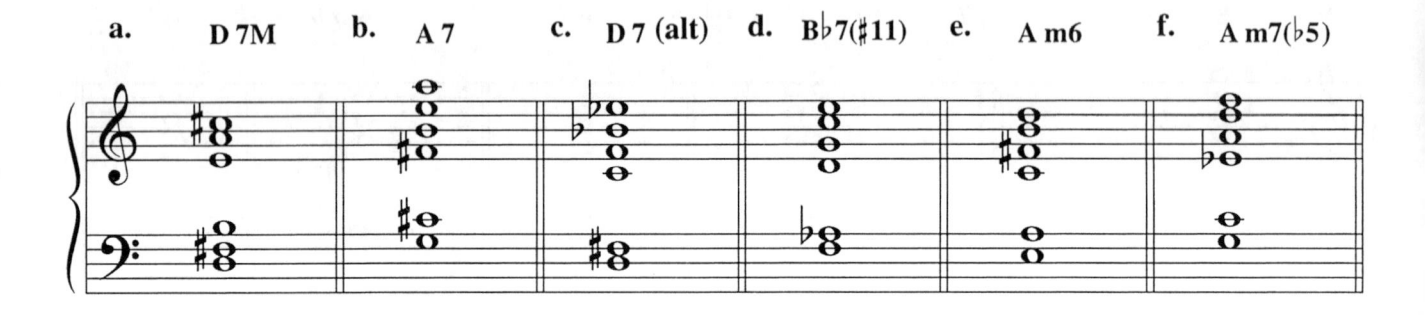

a. D 7M b. A 7 c. D 7 (alt) d. B♭7(♯11) e. A m6 f. A m7(♭5)

Exercício 6 *There'll never be another you* (Warren e Gordon)

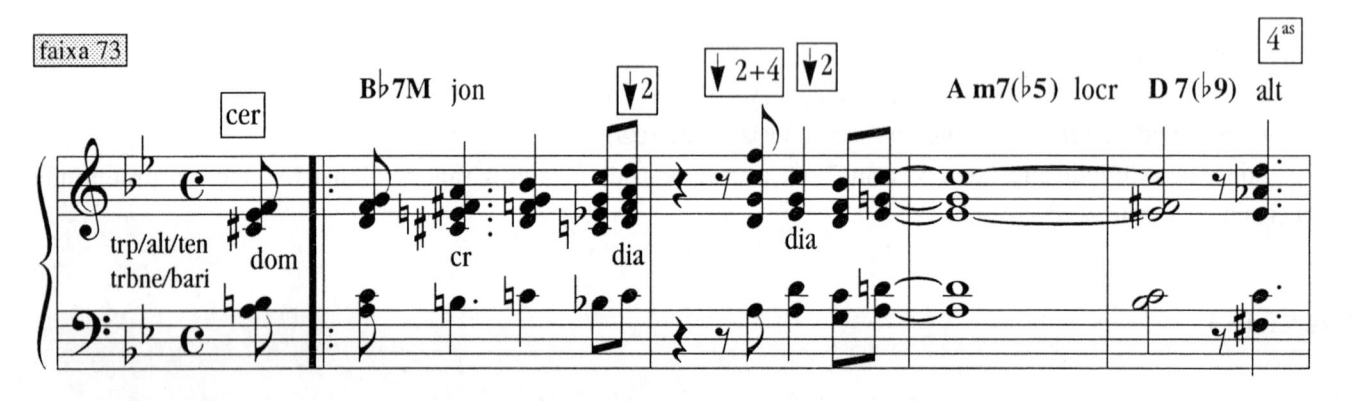

Exercício 7

faixa 74 A

Exercício 8

faixa 74 B

C 7M   B 7   E 7   A 7   D 7   G 7(♭9)   C 6

alt/ten/bari

Exercício 9

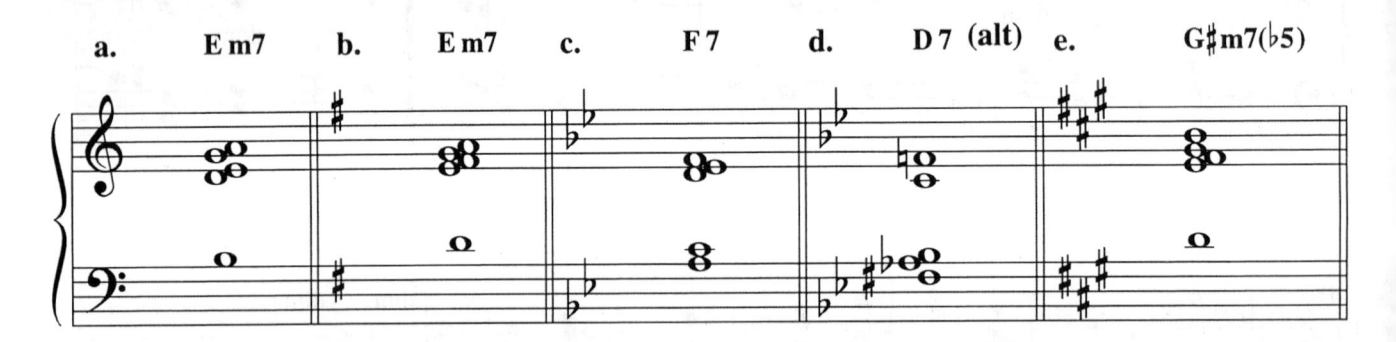

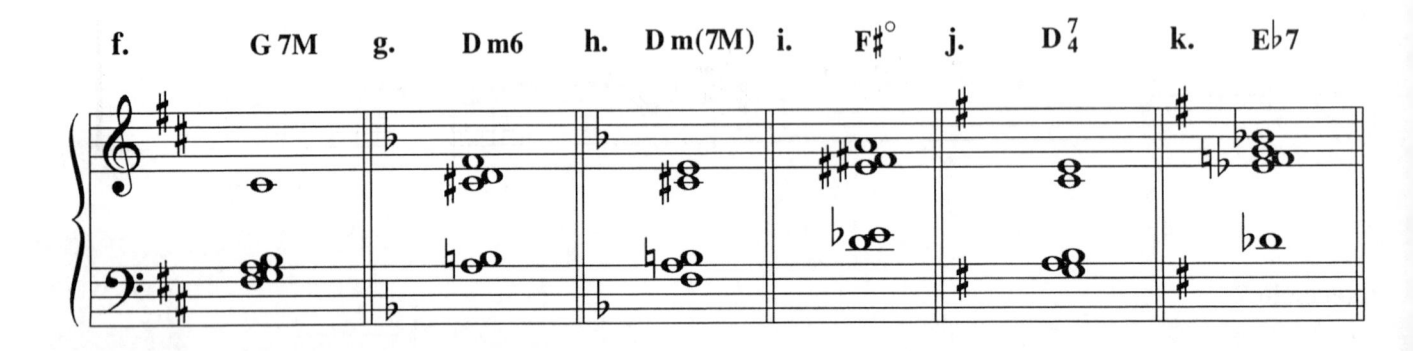

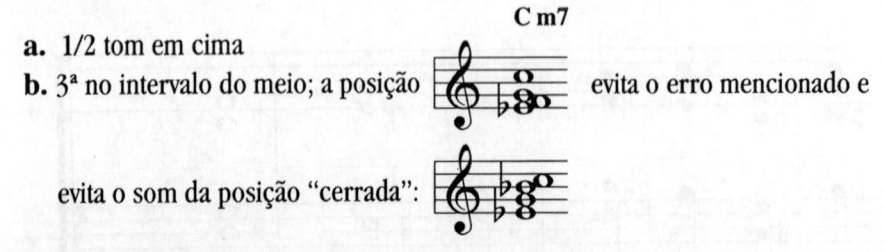

a. E m7   b. E m7   c. F 7   d. D 7 (alt)   e. G♯m7(♭5)

f. G 7M   g. D m6   h. D m(7M)   i. F♯°   j. D$^7_4$ k. E♭7

Exercício 10

a. 1/2 tom em cima

b. 3ª no intervalo do meio; a posição [C m7] evita o erro mencionado e evita o som da posição "cerrada":

c. a montagem não possui nem 3ª nem 7ª

d. 3ª em baixo

Exercício 11

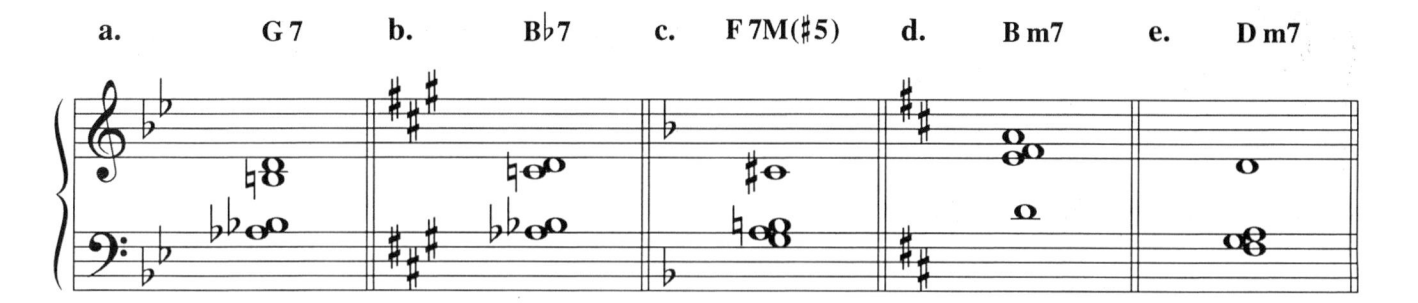

a. G 7 b. B♭7 c. F 7M(♯5) d. B m7 e. D m7

Exercício 12

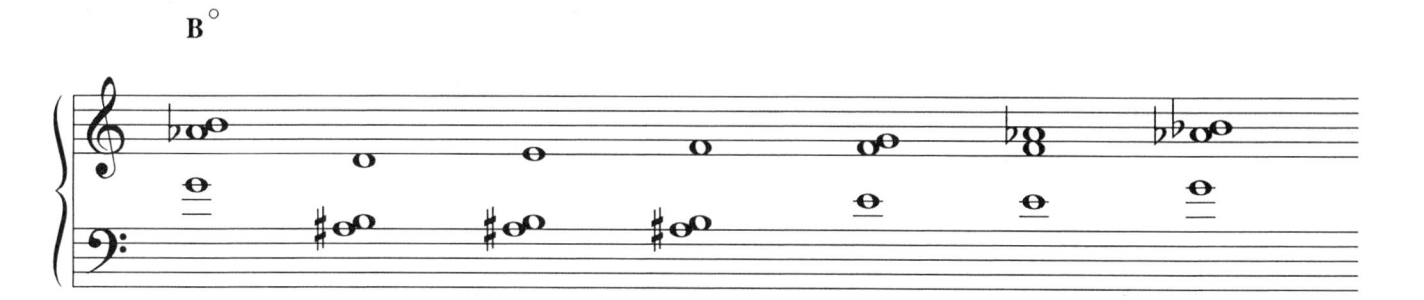

B°

Exercício 13 *Bluesette* (Toots Thielemans)

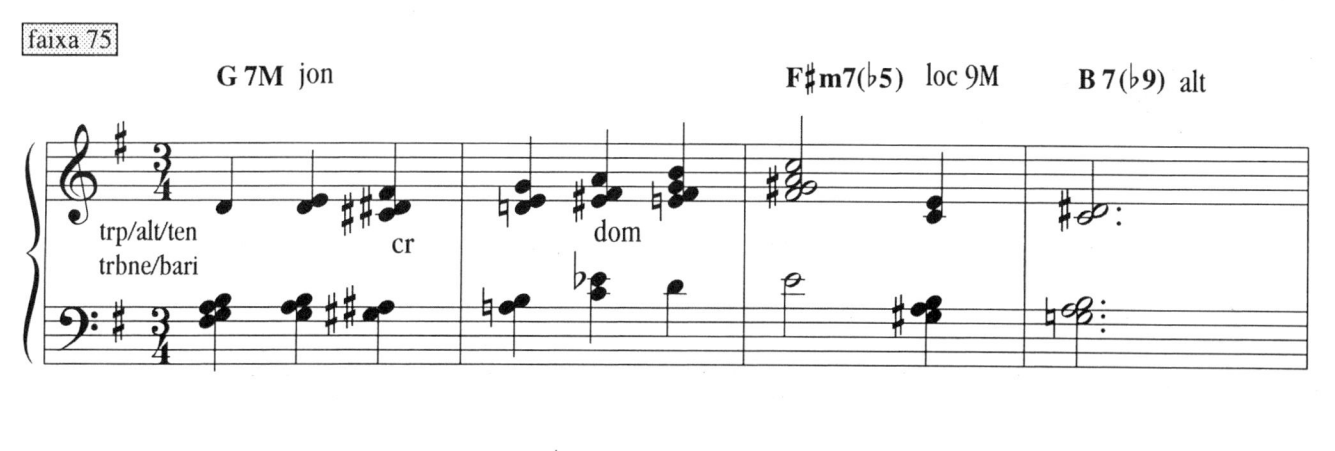

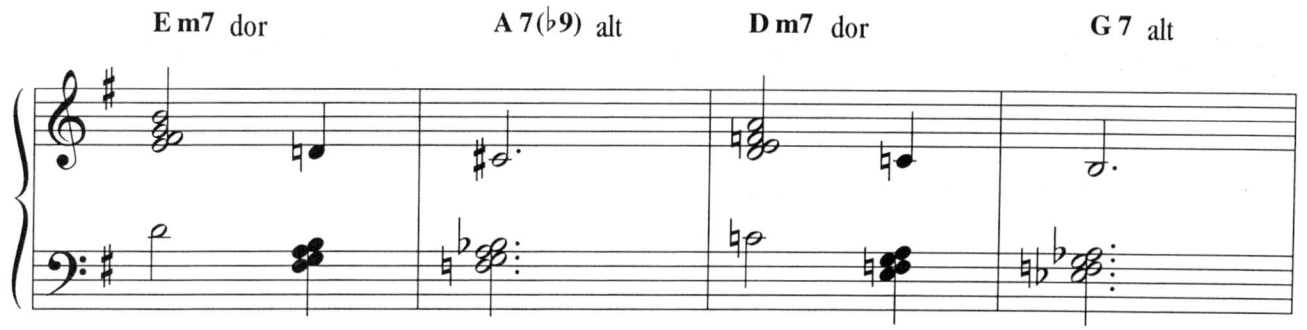

faixa 75

G 7M jon   F♯m7(♭5) loc 9M   B 7(♭9) alt

trp/alt/ten
trbne/bari
cr   dom

E m7 dor   A 7(♭9) alt   D m7 dor   G 7 alt

*o cruzamento evita a repetição de notas, numa mesma voz.

Exercício 14

faixa 76 A

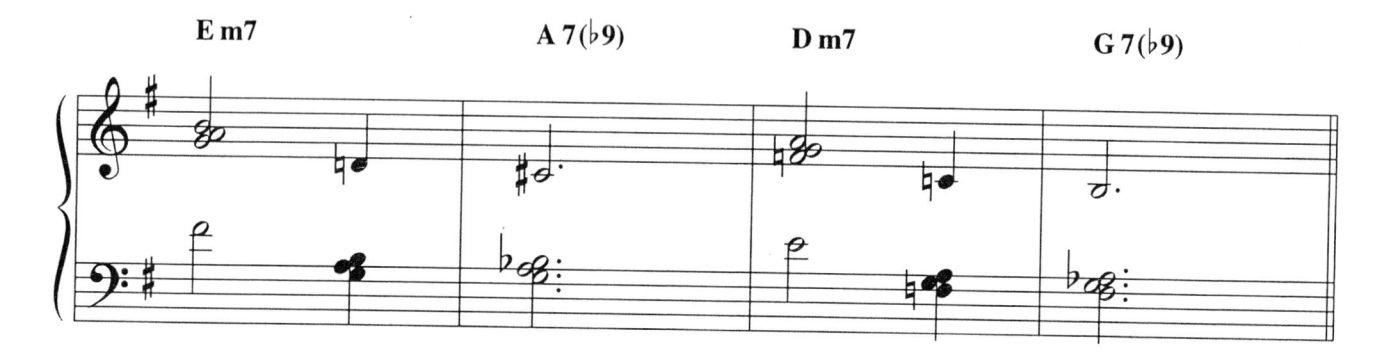

Exercício 15

faixa 76 B

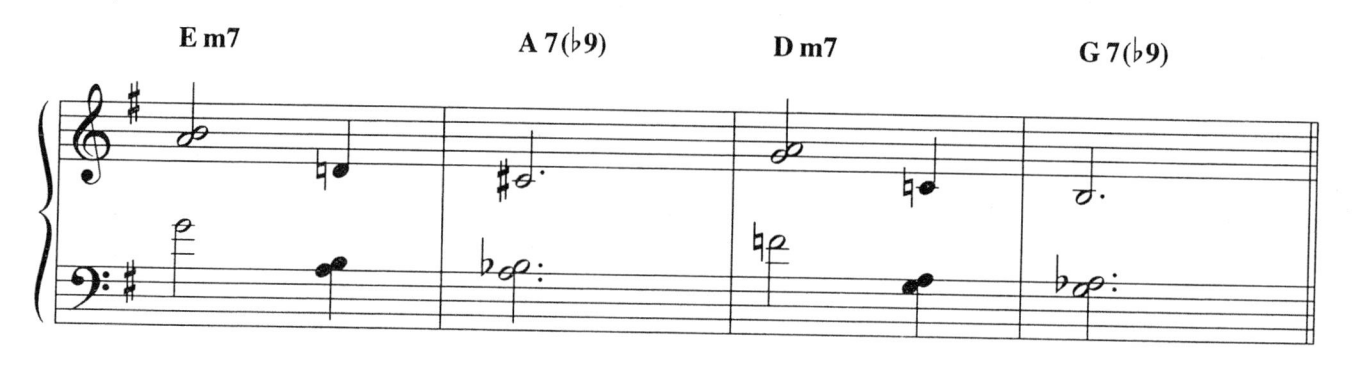

Exercício 16

a. em nenhuma
b. em todas as TES há 2T
c. n⁰ˢ 2, 3, 4, 6, 7, 8, 10, 11, 12

Exercício 17

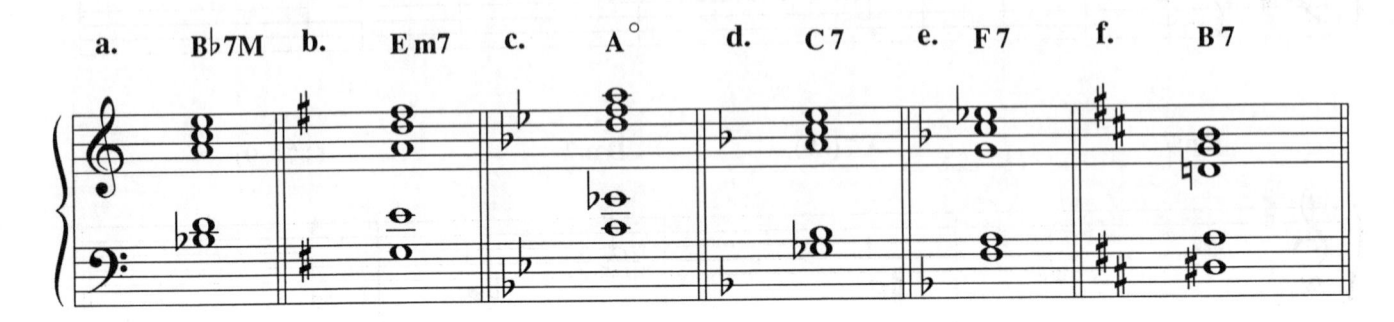

a. Bb7M   b. Em7   c. A°   d. C7   e. F7   f. B7

Exercício 18

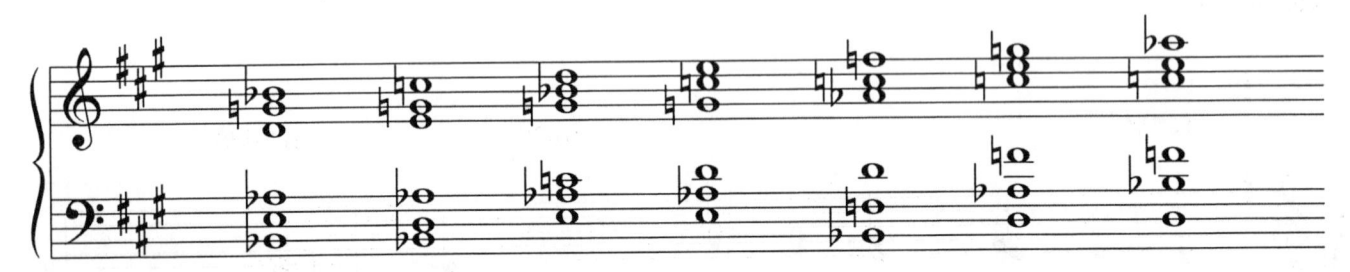

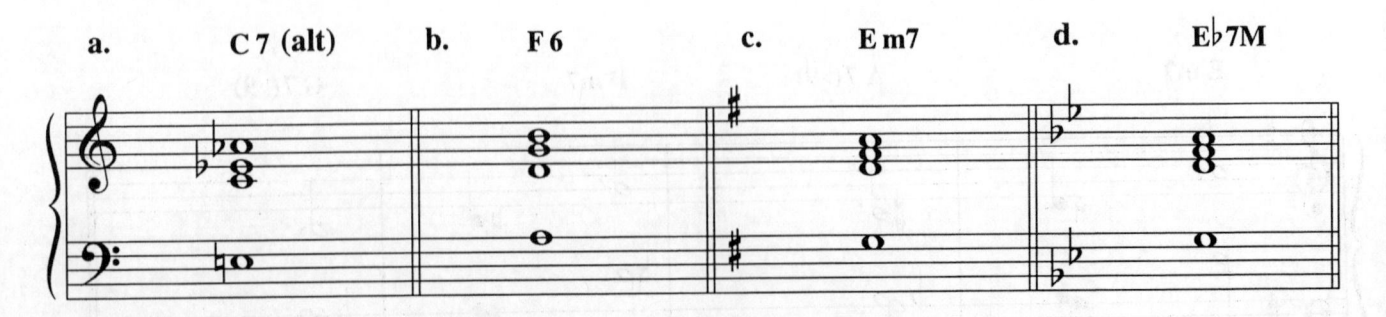

Bb7(#11)

Exercício 19

a. C7 (alt)   b. F6   c. Em7   d. Eb7M

Exercício 20

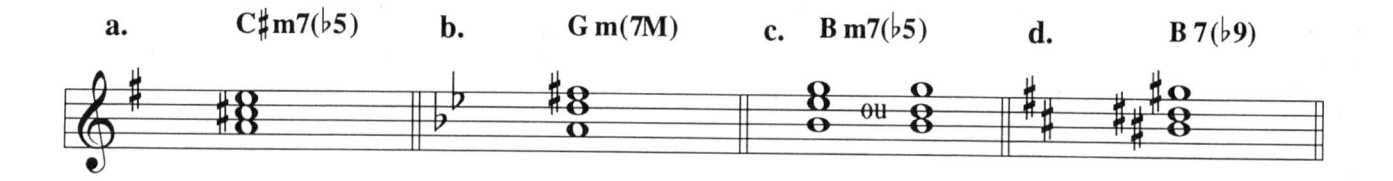

a. C#m7(b5) b. Gm(7M) c. Bm7(b5) ou d. B7(b9)

Exercício 21

Exercício 22 *Very early* (Bill Evans)

faixa 77

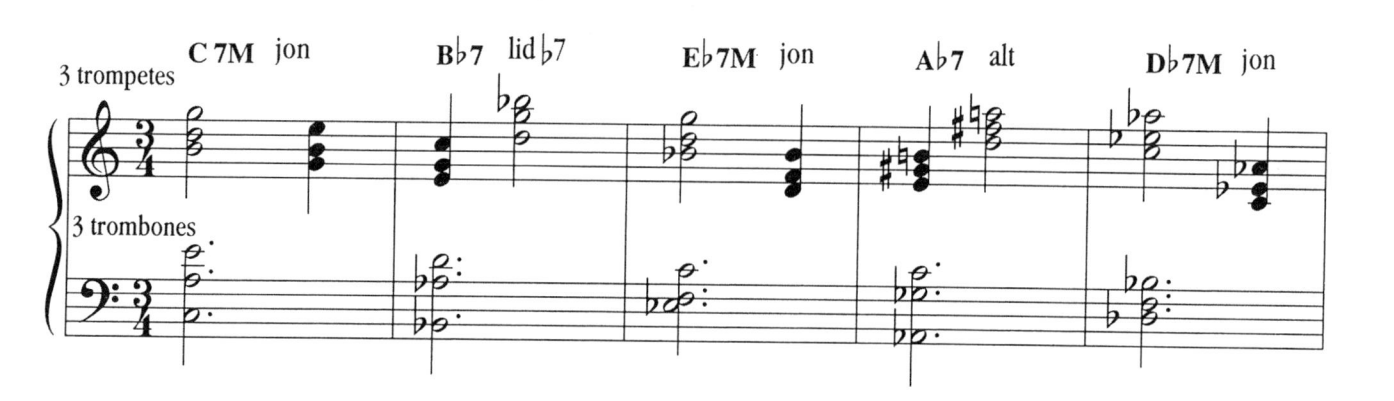

3 trompetes — C 7M jon | Bb7 lid b7 | Eb7M jon | Ab7 alt | Db7M jon

3 trombones

G 7 lid♭7
C 7M jon
B♭7 dim
D 7M jon
A m7 dor
F♯m7 dor
B 7 dim
E m7 dor
A♭7 lid♭7
D♭7M
jon
1º
G 7 alt
2º
G 7(♯5) tons
fl / fl sol / fl ba
dom
*
B 7M jon
A♭7 dim
D♭7M lid
estr
const
B♭7 lid♭7
B 7M lid
G 7 4
G 7
mix
lid♭7
alt
C 7M lid
4
cr
A♭7 lid♭7
D♭7M lid

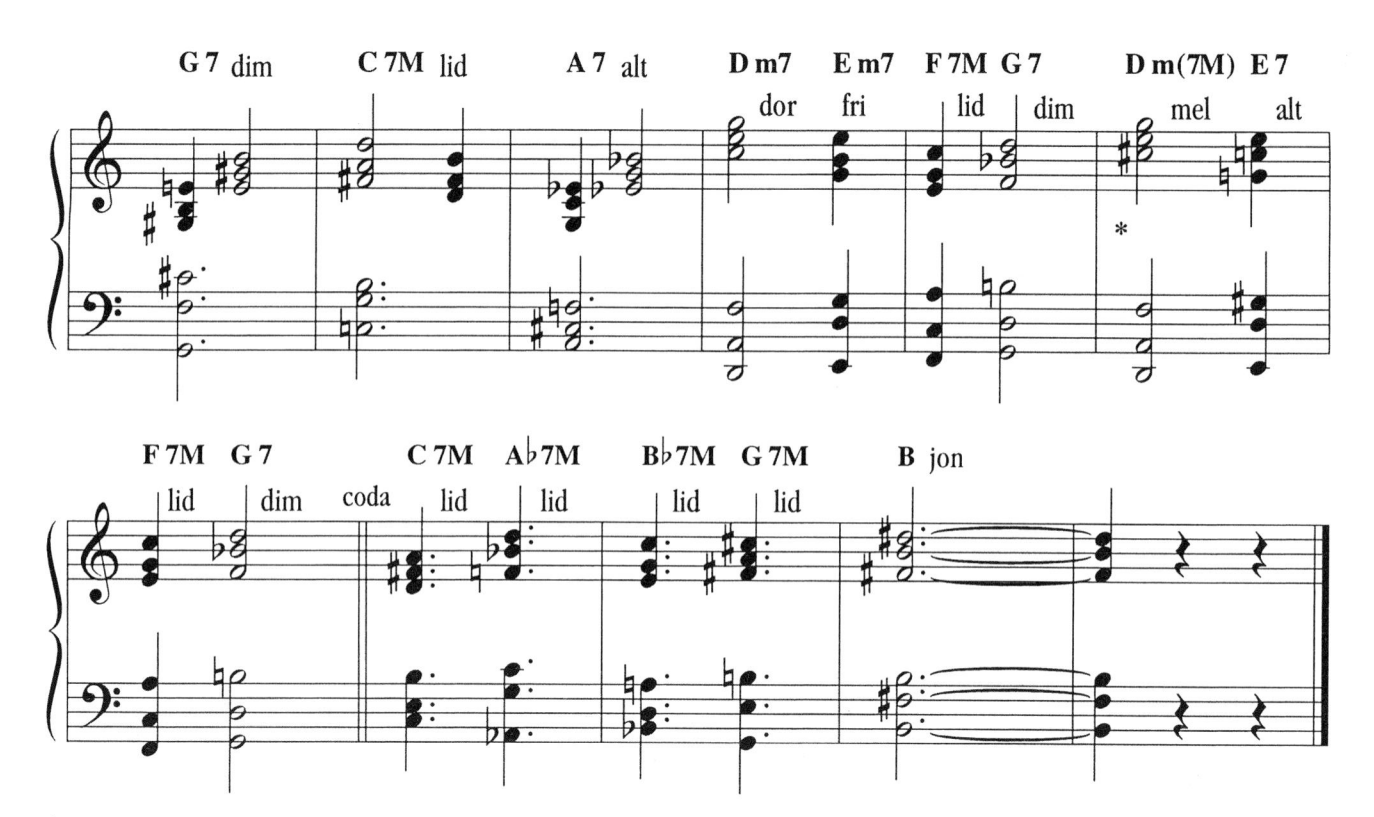

* tríades diminutas ou aumentadas, uso restrito: não soam tríades

Exercício 23 dez intervalos (cada voz com as demais quatro vozes)

Exercício 24

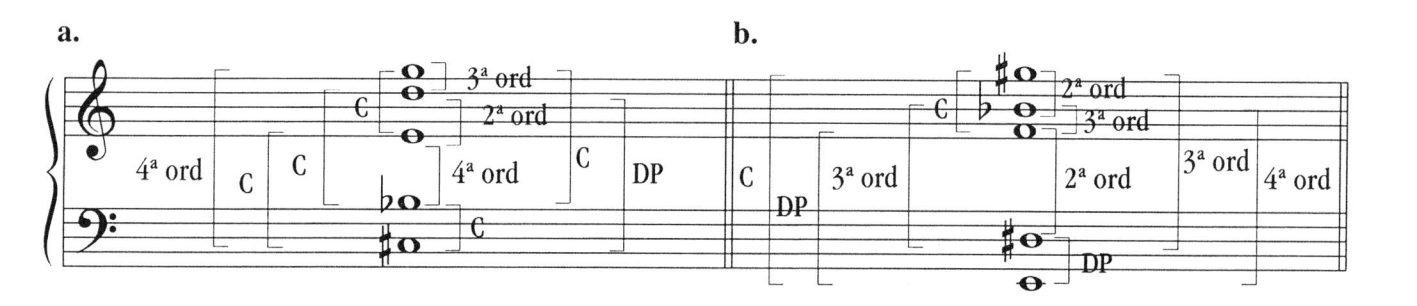

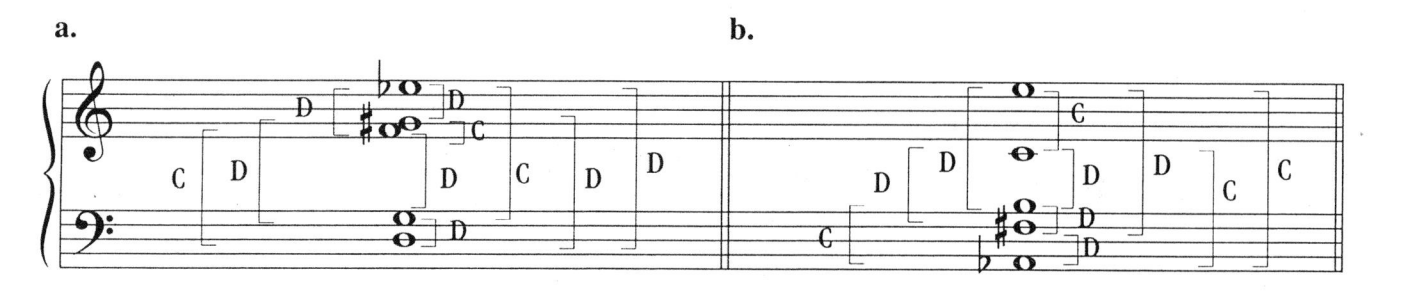

Exercício 25

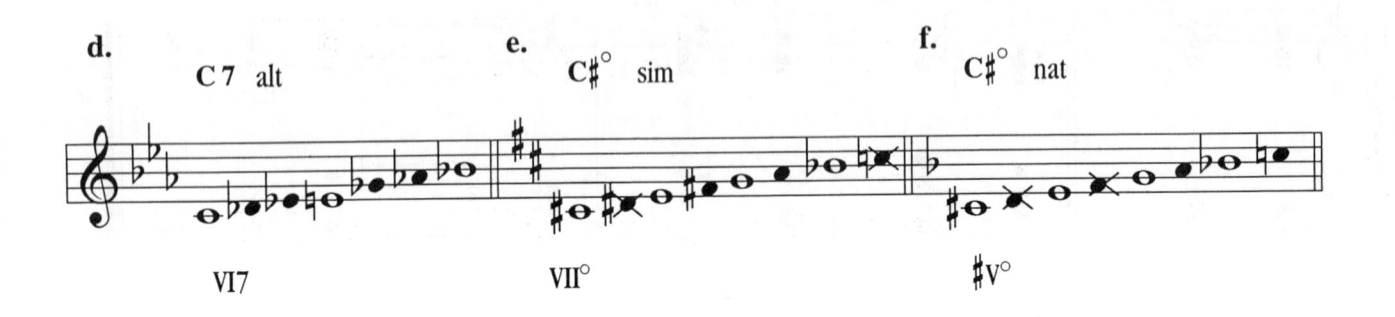

Exercício 26

a. **D 7M** lid — IV7M

b. **G m7** eol — VIm7

c. **F♯m7(♭5)** loc — IIm7(♭5)

d. **C 7** alt — VI7

e. **C♯°** sim — VII°

f. **C♯°** nat — ♯V°

g. **B 7** lid ♭7 — ♭VII7

h. **B m(7M)** mel — Im(7M)

i. **G♯7** alt — VII7

Exercício 27

a. **D 7M** lid

b. **G m7** eol

c. **F♯m7(♭5)** loc

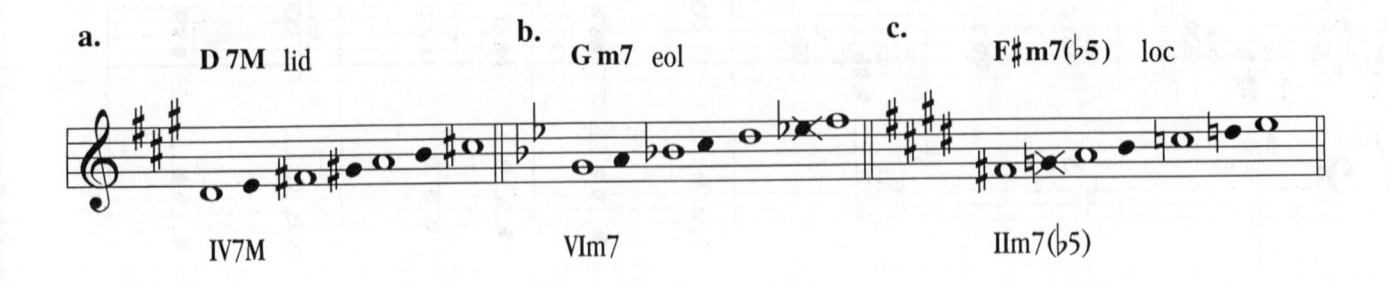

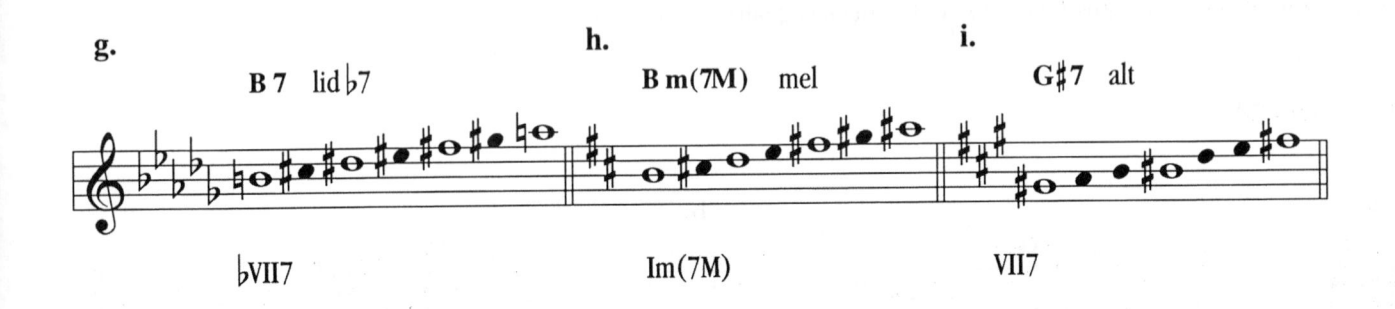

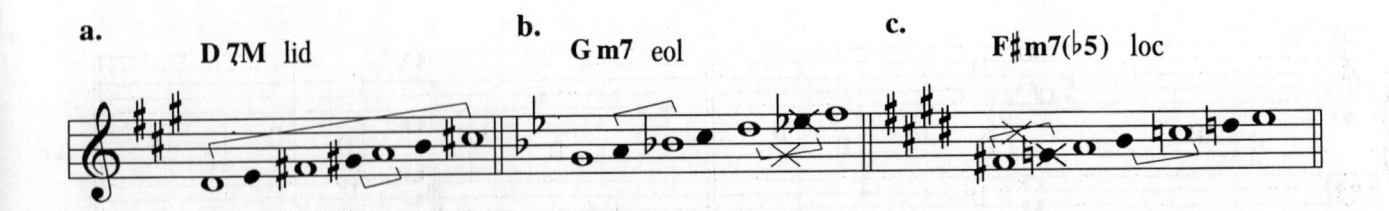

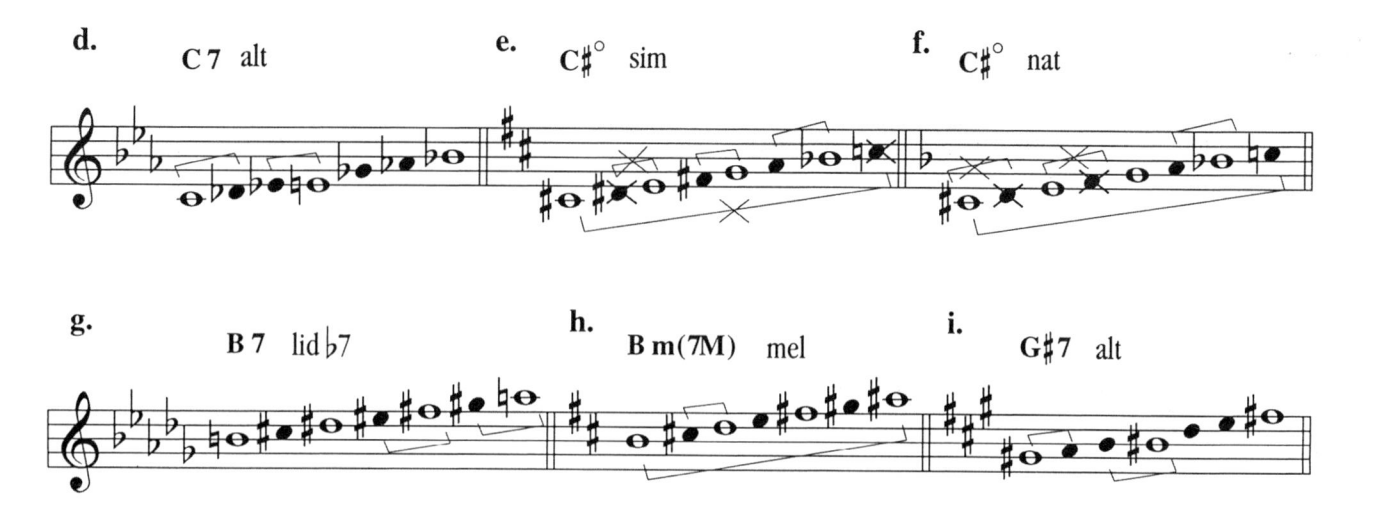

Exercício 28

a. IV, em RéM; ♭II, em Fá♯M ou m; ♭III, em MiM ou m; ♭VI, em SiM ou m; ♭VII, em LáM.

b.

c.

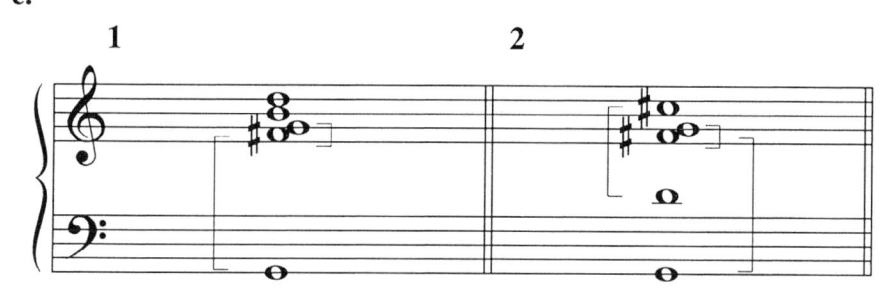

d. nota melódica

e. sim

f. não

g. sim

h. formaria 1/2 tom ou ♭9 com melodia

i. devido aos intervalos maiores que trítono adjacentes ao intervalo de 2ª, acima e abaixo

j. entre as duas vozes mais graves, qualquer intervalo passa (salvo violação de LIG)

Exercício 29

a. IV7, em RéM ou m; ♭II7, em Fá♯M ou m; ♭III7, em MiM ou m; ♭VI7, em SiM ou m; ♭VII7, em LáM; II7, em FáM; I7, em SolM

b.

c.

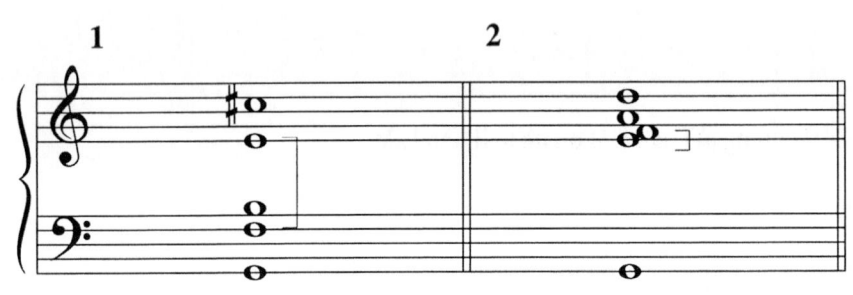

d. não

e. não

f. devido aos intervalos maiores que trítono adjacentes ao intervalo de 2ª, acima e abaixo

g. sim

h. não: formaria 1/2 tom ou ♭9 com melodia

i. da primeira: usando **ré**♭ na última voz, o som D♭7 substitui G7 sem violar o LIG; na estrutura **2** melodia **ré** é incompatível com baixo **ré**♭ (vide item **d.**).

j.

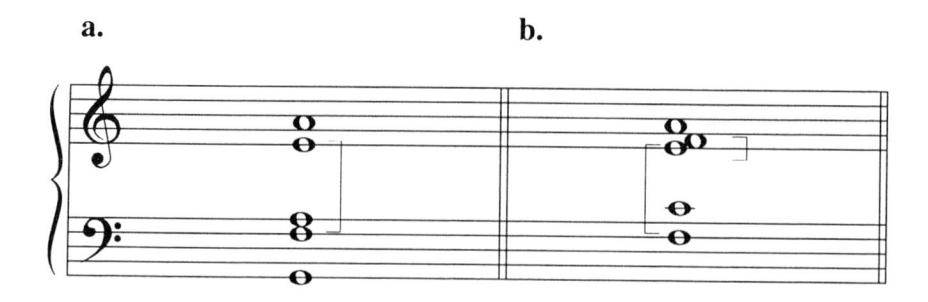

Exercício 30

a. b.

Exercício 31

a. **G 7M** lid — máx tam / máx DP
b. **G 7M** lid — supercer / máx DP
c. **G 7M** lid — supercer / 0 DP
d. **G 7M** lid — grande / 0 DP
e. **G 7** lid♭7 — médio / máx DP

f. **G 7** lid♭7 — médio / 0 DP
g. **A 7** alt — máx tam / máx DP
h. **A 7** alt — máx tam / 0 DP
i. **E 7** alt — pequeno / máx DP
j. **B 7** men h 5♭ — máx tam / máx DP

k. **E m7** eol — médio / máx DP
l. **F♯m7(♭5)** loc — médio / máx DP
m. **F♯m7(♭5)** loc — médio / 0 DP

Exercício 32

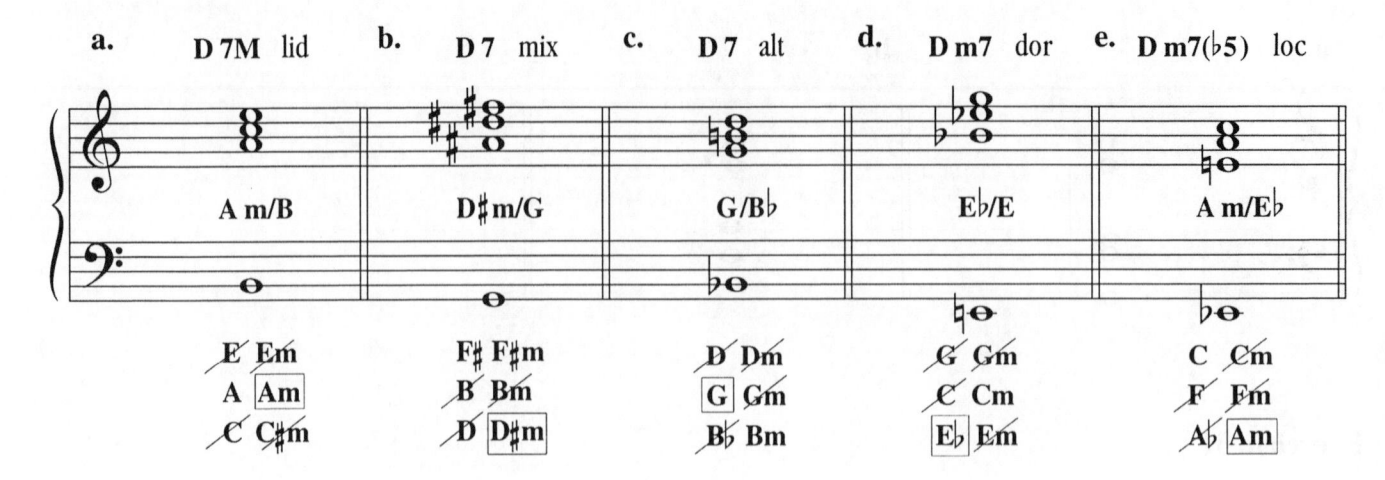

a. D 7M lid   b. D 7 mix   c. D 7 alt   d. D m7 dor   e. D m7(♭5) loc

Am/B   D♯m/G   G/B♭   E♭/E   Am/E♭

a.
~~E~~ ~~Em~~
A [Am]
~~C~~ ~~C♯m~~

b.
~~F♯~~ ~~F♯m~~
B Bm
~~D~~ [D♯m]

c.
~~D~~ ~~Dm~~
[G] Gm
B♭ Bm

d.
~~G~~ ~~Gm~~
~~C~~ Cm
[E♭] Em

e.
~~C~~ ~~Cm~~
F ~~Fm~~
A♭ [Am]

Os acordes em retângulo são as melhores soluções, mas os outros não riscados também são possíveis para evitar nota repetida nas vozes.

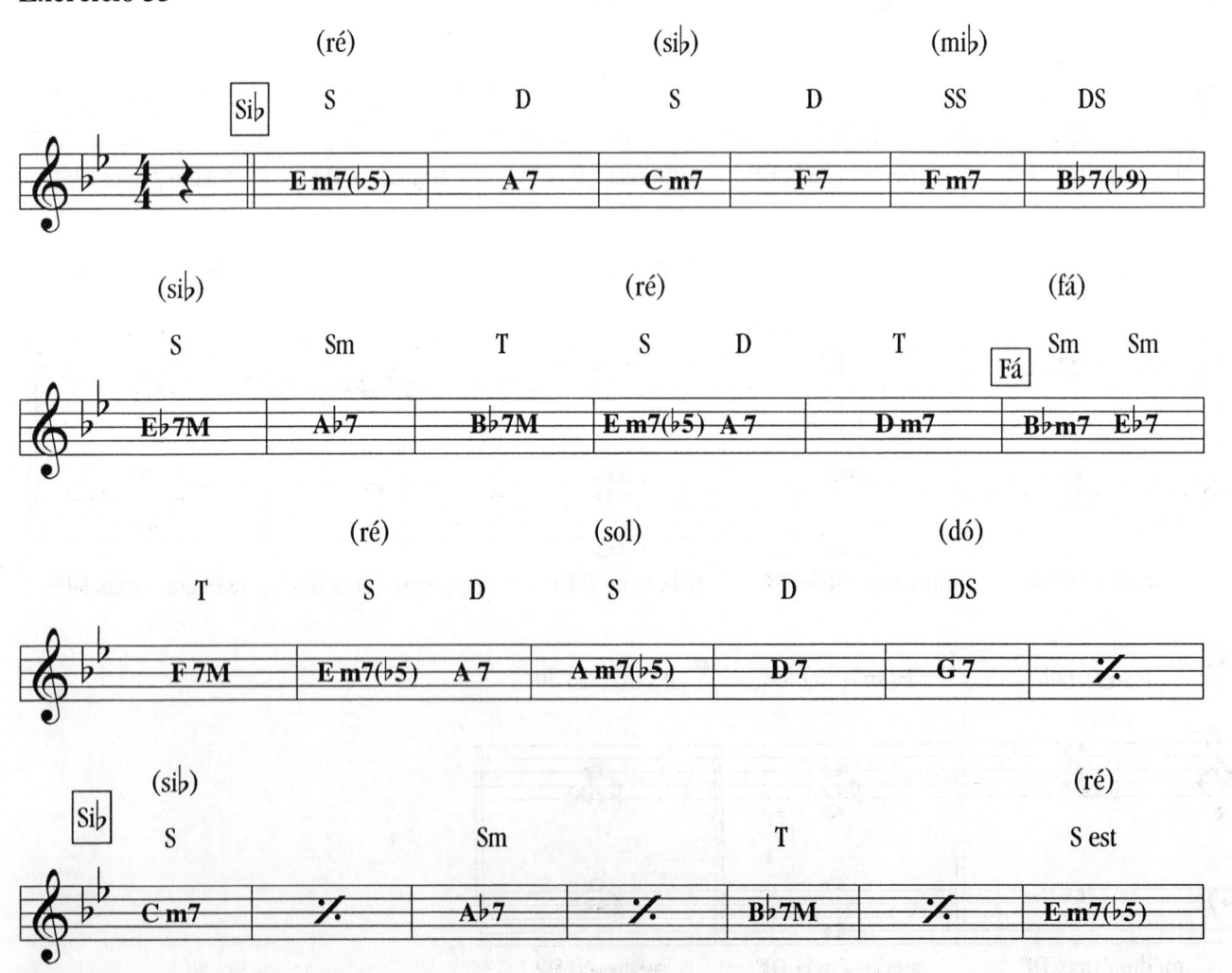

Exercício 33

[Si♭] (ré)   (si♭)   (mi♭)
       S   D   S   D   SS   DS
       Em7(♭5) | A7 | Cm7 | F7 | Fm7 | B♭7(♭9)

(si♭)   (ré)   (fá)
S   Sm   T   S   D   T   [Fá] Sm   Sm
E♭7M | A♭7 | B♭7M | Em7(♭5) A7 | Dm7 | B♭m7 E♭7

                (ré)   (sol)   (dó)
T   S   D   S   D   DS
F7M | Em7(♭5) A7 | Am7(♭5) | D7 | G7 | %

[Si♭] (si♭)   (ré)
       S   Sm   T   S est
       Cm7 | % | A♭7 | % | B♭7M | % | Em7(♭5)

	(dó)		(si♭)			
D est	SS	DS	Sm	D	T	
A7	Dm7(♭5)	G7	Cm7(♭5)	F7	B♭7M	∕.

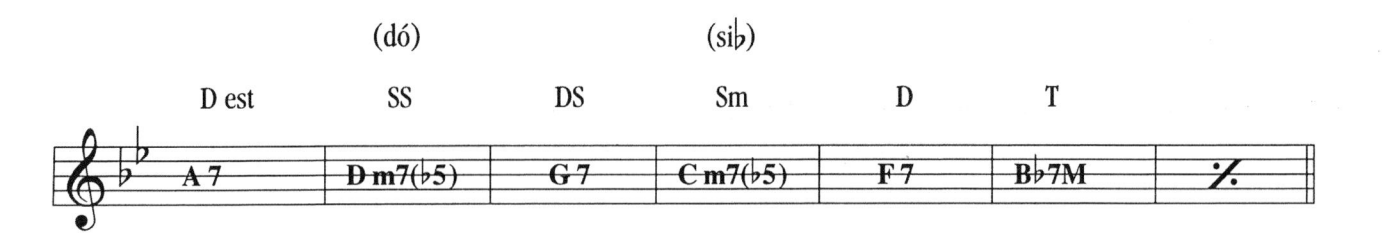

Exercício 34

a. dórico **b.** frígio **c.** mixolídio **d.** lídio
e. frígio **f.** lídio **g.** mixolídio **h.** dórico

- Bibliografia

Casella, Alfredo / Mortari, V.: *La Tecnica Dell' Orchestra Contemporanea*
(Edição Ricordi Milano, 1950)

D' Indy, Vincent: *Cours de Composition Musicale*
(Durand et C^{ic}, Éditeurs, 1950)

Pease, Ted: *Workbooks for Arranging*
(Edition Berklee College of Music)

Rocca, Edgard Nunes ("Bituca"): *Ritmos Brasileiros e seus Instrumentos de Percussão*
(Edição Escola Brasileira de Música)

- Agradecimentos

Obrigado a vocês, Celinha Vaz, Dori Caymmi, Fernando Ariani, Flávio Paiva, Júlio César P. de Oliveira, Lucas Raposo, Nerval M. Gonçalves, Ricardo Gilly, Roberto Rutigliano, prof^a Soloméa Gandelman, por todo o apoio prestado para a realização deste trabalho. Obrigado aos professores que mais me ensinaram: Alex Ulanowsky, Dean Earl, Greg Hopkins, Herb Pomeroy, Henrique Morelenbaum, José Siqueira, Michael Gibbs, Rezsö Sugár, Tony Teixeira. Obrigado a George Geszti, professor e meu pai, que fez da música uma de minhas melhores brincadeiras de adolescente.

FAIXAS DOS ÁUDIOS

faixa 57	Em quartas a seis vozes [*There'll never be another you*]	*17*
faixa 58	Supercerrada a seis vozes [*There'll never be another you*]	*25*
faixa 59	Tríades de estrutura superior [*'Round midnight*]	*35*
faixa 60	Tríades estranhas à escala	*60*
faixa 61	Pontos harmônicos	*63*
faixa 62	Técnica linear [*A noite do meu bem*]	*70*
faixa 63	Escalas inventadas [*In a mellow tone*]	*72*
faixa 64	Técnica linear a cinco vozes [*Confirmation*]	*73*
faixa 65	Técnica linear a quatro vozes [*Vou vivendo*]	*76*
faixa 66	Rearmonização funcional, mesma tônica [*O cravo brigou com a rosa*]	*85*
faixa 67	Rearmonização funcional, mesma tônica [*Pai Francisco entrou na roda*]	*85*
faixa 68	Rearmonização funcional completa [*Conversa de botequim*]	*88*
faixa 69 A	Rearmonização funcional, tom original [*Casinha pequenina*]	*90*
faixa 69 B	Rearmonização funcional, tom relativo [*Casinha pequenina*]	*91*
faixa 69 C	Rearmonização funcional, tom anti-relativo [*Casinha pequenina*]	*91*
faixa 70	Rearmonização por dominantes estendidos [*Tristeza*]	*95*
faixa 71	Rearmonização modal [*A rã*]	*105*
faixa 72 A	Prioridade linha em intervalo constante [*O nosso amor*]	*114*
faixa 72 B	Acordes em estrutura constante [*O nosso amor*]	*115*
faixa 72 C	Prioridade linha em intervalos seqüenciais [*O nosso amor*]	*116*
faixa 72 D	Acordes em estruturas seqüenciais [*O nosso amor*]	*117*
faixa 72 E	Linha prioritária do baixo [*O nosso amor*]	*119*
faixa 72 F	Tensão melódica prioritária em dom7 [*O nosso amor*]	*120*
faixa 73	Em quartas a cinco vozes [*There'll never be another you*]	*124*
faixa 74 A	Em quartas a quatro vozes [*There'll never be another you*]	*125*
faixa 74 B	Em quartas a três vozes [*There'll never be another you*]	*126*
faixa 75	Supercerrada a cinco vozes [*Bluesette*]	*127*
faixa 76 A	Supercerrada a quatro vozes [*Bluesette*]	*129*
faixa 76 B	Supercerrada a três vozes [*Bluesette*]	*129*
faixa 77	Tríades de estrutura superior [*Very early*]	*131*

Arquivos de áudio *play-a-long* em MP3 estão disponíveis para *download* gratuito em:

vitale.com.br/downloads/audios/AMPI3.zip

ou através do escaneamento do código abaixo:

Obs.: Caso necessário, instale um software de descompactação de arquivos.

RELAÇÃO DAS OBRAS MUSICAIS POPULARES INSERIDAS NESTE LIVRO E RESPECTIVOS TITULARES

Á noite do meu bem
Copyright by Seresta Edições Musicais Ltda.

A rã
Copyright by Warner/Chappell Edições Musicais Ltda.

Confirmation
Copyright by Warner/Chappell Edições Musicais Ltda.

Conversa de botequim
Copyright by Mangione Filhos & Cia. Ltda.

In a mellow tone
Copyright by EMI Robbins Music / EMI Catalogue Partnership Inc.
Direitos cedidos para o Brasil à EMI Songs do Brasil Edições Musicais Ltda.

O nosso amor
Copyright by Ed. Musical Arapuã Ltda.

Tristeza
Copyright by Ed. Musical Arapuã Ltda.

Vou vivendo
Copyright by Irmãos Vitale S/A